SUPERFOOD SMOOTHIES

Milan Hartmann

SUPERFOOD SMOOTHIES

Power-Drinks mit den besten Zutaten für einen gesunden Energiekick

Mit über 50 leckeren Rezepten, die fit und leistungsfähig machen – immer wenn es darauf ankommt

HANS-NIETSCH-VERLAG

Ich widme dieses Buch all jenen, die Lust und Freude haben, für ihre eigene Gesundheit selbst aktiv zu werden.

HINWEIS
Mit diesem Buch stelle ich keinen Anspruch auf Heilung, es dient der Selbsthilfe und soll anregen, ein gesünderes Leben zu führen. Die Informationen in diesem Buch werden nach bestem Wissen und Gewissen weitergegeben. Sie sind keinesfalls als Diagnose- oder Therapieanweisungen zu verstehen. Einige Textpassagen weisen auf Möglichkeiten hin, die Gesundheit durch bestimmte Faktoren zu verbessern. Ich habe hierbei keinen Anspruch auf Richtigkeit, weder in Bezug auf die Wirkung von Pflanzen noch auf die Aussagen generell. Es handelt sich hierbei größtenteils um persönliche Erfahrungen. Ich übernehme keine Haftung für Schäden irgendeiner Art, die direkt oder indirekt aus der Verwendung der Angaben entstehen. Bei Verdacht auf Erkrankungen konsultieren Sie bitte Ihren Arzt oder Heilpraktiker.

Textbearbeitung: Burkhard Hickisch
Redaktion: Burkhard Hickisch, Martina Klose
Lektorat: Martina Klose
Korrektorat: Petra Zwerenz
Fotos: Steffen Böttcher und shutterstock
Gestaltung: Kurt Liebig
Druck: Dimograf Druckerei GmbH, Bielsko-Biała/Polen

Hans-Nietsch-Verlag
Am Himmelreich 7
79312 Emmendingen

www.nietsch.de
info@nietsch.de

ISBN 978-3-86264-230-4

Inhalt

Dank

Hiermit möchte ich mich von ganzem Herzen bei allen Gästen bedanken und bei allen, die geholfen haben, dieses Buch zu bereichern. Besonderer Dank geht an Burkhard Hickisch für seine intensive und detaillierte Unterstützung als Lektor, Christian Dittrich-Opitz und Jörg Ullmann für ihre tollen Beiträge sowie Nelly Reinle-Carayon, die mich inspirierte, dieses Buch zu schreiben.

Vorwort

„Entspann dich, dein Leben darf dir Freude bereiten", sagte einmal ein Freund zu mir, als ich gerade verkrampft und mit ernster Miene über Kaffee und dessen ungesunde Nebenwirkungen wetterte. In diesem Augenblick wurde mir schlagartig klar, dass ein übertriebener Perfektionismus nur schadet, wo es doch so viel zu entdecken gibt, was die eigene Gesundheit und Lebensfreude fördert.

„Perfektion ist unerreichbar, sie ist unmöglich und gleichzeitig ist sie allgegenwärtig."

Jeff Bridges als Kevin Flynn in *Tron*

Wenn Sie als gesundheitsbewusster Mensch sich für eine scheinbar perfekte Ernährungsweise entscheiden, es aber sehr viel Energie- und Zeitaufwand bedarf, diese in Ihrem Alltag umzusetzen, ist sie – egal wie perfekt sie erscheinen mag und welche Argumente auch immer für diese Form der Ernährung sprechen – nicht die richtige für Sie. Und: Alles richtig und perfekt machen zu wollen führt dauerhaft zu Zwang und Stress und einem Mangel an Genuss und Freude. In diesem Zusammenhang erinnere ich nur daran, dass der Allgemeinmediziner und Fastenarzt Dr. med. Rüdiger Dahlke auch immer wieder betont, dass man über den Darm nicht „heilig" werden könne.

Statt zu verkrampfen und eine unnötige und unrealistische Perfektion anzustreben, sollten wir unsere Ernährung lieber einfacher sowie genuss- und freudvoller gestalten. Nur weil eine bestimmte Ernährungsweise im begrenzten Zeitraum einer Kur, Diät oder beim Ausprobieren erfolgreich war, heißt das nicht, dass sie auch langfristig praktikabel oder gar empfehlenswert ist.

Langfristig funktioniert nur das, was einfach ist und unmittelbar guttut. Je mehr Sie ausprobieren, desto eher wissen Sie auch, was für Sie wirklich hilfreich ist. Sobald Sie mit vielen verschiedenen natürlichen Lebensmitteln *eigene* Erfahrungen gesammelt haben, wird es Ihnen leichterfallen, die Signale Ihres Körpers zu deuten, wenn es darum geht, welche Nahrungsmittel er für sein Wohlbefinden und seine Gesundheit braucht.

Die einfachste Beurteilung dafür, ob Ihnen die gewählte Ernährung guttut, ist, wie viel Lebensfreude, Energie und Ausdauer Sie dabei erleben. Bringt Ihnen das, was Sie essen, mehr Freude und Energie oder macht es Ihnen das Leben schwer? Fühlen Sie sich erschöpft und müde? Dann ist es an der Zeit, etwas Neues auszuprobieren.

Mein Anliegen ist es, Sie an Ihre Schöpferkraft zu erinnern, denn jeder Mensch hat die Fähigkeit, alles zu wandeln, wenn er das wirklich will. Meiner Meinung nach entsteht die höchste Wandlungsfähigkeit durch die Kraft der Liebe. Gern würde ich Ihrem Herzen auf spielerische Weise ein Fünkchen Freude entlocken. Es liegt an Ihnen, auszuprobieren, ob das Wirklichkeit wird, wenn Sie täglich Smoothies mixen.

Als ich mit sechzehn Jahren mit meinem Vater die Welt bereiste, zeigte er mir, wie man Smoothies mixt. Auf unseren Reisen hatten wir stets eine Proviantkiste dabei und einen kleinen Mixer. „In einem gesunden Körper wohnt ein gesunder Geist", lautet die Devise meines Vaters. In unserer Kiste gab es immer Superfoods und gesunde Snacks. Je nach Land und Möglichkeit ernährten wir uns rein biologisch und stockten unseren Proviant mit frischen hochwertigen Lebensmitteln auf. Superfoods und Smoothies waren immer mit auf Reisen. Ein morgendliches Ritual mit Qigong und Meditation rundete das Ganze ab. Es war eine tolle Zeit, aus der ich mir viel bewahrt habe und die zu einem Teil meines Lebens geworden ist. Seit dieser Zeit bin ich begeistert von Superfoods und freue mich immer wieder darüber, wie sehr sie mein Leben bereichern.

Ich habe Maca und Camu Camu ganz zu Anfang als meine ersten Lieblings-Superfoods entdeckt. Ich war begeistert, wie intensiv sie wirkten, denn sie schenkten mir mehr körperliche Kraft und eine größere geistige Klarheit. Damals, nach den Reisen mit meinem Vater, besaß ich noch keinen eigenen Mixer und rührte mir die Superfoods einfach mit einem Löffel in ein Glas Wasser ein. Das war jeden Tag mein erstes Frühstück. Nachdem ich mir einen kleinen Mixer besorgt hatte, bereitete ich meine ersten Smoothies mit Früchten und Superfoods zu. Das war der Beginn einer langen Freundschaft. Tatsächlich empfinde ich Superfoods als „Freunde", so verrückt das auch klingen mag. Wie echte Freunde sind auch sie immer für mich da, wenn ich Hilfe brauche. Ich möchte daher meinem Vater an dieser Stelle von Herzen danken – dafür, dass er mir die Welt der Superfoods eröffnet hat.

Und so wünsche ich Ihnen, dass die Superfood-Smoothies auch Ihre wertvollen Wegbegleiter werden, dass sie Ihr Leben bereichern und Ihnen Kraft und Energie schenken.

Milan Hartmann
Im Frühjahr 2013

Teil 1

Was sind Superfoods denn eigentlich?

Superfoods als Vitalstoffquelle

Unser wunderschöner Planet Erde bietet uns eine unglaubliche Fülle an essbaren Pflanzen, um unser Überleben zu sichern und unsere Evolution zu fördern. Gleichzeitig heilen uns die Pflanzenkräfte und halten uns gesund. Mithilfe der modernen Analysetechnik können wir heute bestimmen, welche Vitamine, Mineralien, Enzyme, Aminosäuren … eine Pflanze enthält und in welcher Menge. Als „Superfoods" werden nun die Nahrungsmittel bezeichnet, die besonders reich sind an Vitalstoffen. Zu diesen lebenswichtigen Stoffen zählen:

- Vitamine,
- Enzyme,
- Coenzyme,
- Proteine,
- Mineralien,
- Antioxidantien,
- essenzielle Aminosäuren,
- essenzielle Fettsäuren,
- Mehrfachzucker und
- weitere gesundheitsfördernde Substanzen, die bislang noch gar nicht erforscht sind.

Die Bioverfügbarkeit der Vitalstoffe in Superfoods ist zudem höher als bei anderen Pflanzen, das heißt, dass die Vitalstoffe optimal vom Körper verwertet werden können. In alten Kulturvölkern haben bestimmte Pflanzen bereits seit Jahrtausenden eine große Bedeutung. Sie werden geschätzt für ihre besonderen Eigenschaften, denn sie können den Menschen heilen und wieder ins Gleichgewicht bringen. Traditionell verwendete Heilkräuter unterscheiden sich allerdings von Superfoods. Erstere werden nur für bestimmte Zwecke und über einen gewissen Zeitraum eingesetzt, um gesundheitliche Störungen zu beheben. Superfoods hingegen sind mit gesunden Vitalstoffen prall gefüllte Nahrungsmittel, die uns dabei helfen, gar nicht erst krank zu werden, Krankheiten besser zu überstehen und gesund zu bleiben. Superfoods helfen uns durch die *Kraft der Natur,* unsere Selbstheilungskräften zu erhalten und unsere innere Stärke zu bewahren.

Superfoods sind Pflanzen, die absolut naturbelassen sind, bestenfalls wild wachsen und in der sie umgebenden Natur auf optimale Weise gedeihen. Sie gedeihen überall, wobei jede Region ihre eigenen Superfoods hervorbringt. Je mehr diese Nahrungsmittel noch in einem ursprünglichen Umfeld (zum Beispiel im Dschungel, auf dem Berg oder in der Tiefsee) wachsen, desto besser.

In *Superfood Smoothies* werde ich Ihnen nur einen Bruchteil der vielen verschiedenen Superfoods vorstellen, die weltweit zu finden sind. Meiner Erfahrung nach sind dies die Superfoods, die Sie am einfachsten beschaffen können und die bisher am bekanntesten sind sowie weltweit die höchste Anerkennung besitzen.

Superfoods werden heutzutage allerdings auch angebaut und nicht bloß wild gesammelt. Wenn Sie Superfoods kaufen, sollten Sie stets auf Bio- und Rohkost-Qualität achten. Jahrzehntelange Recherchen einer ganzen Reihe von im Bereich „Gesundheit" engagierten Menschen zeigten, wie viele Vorteile rohköstliche, biologische Nahrungsqualität gegenüber konventioneller bietet. Was den Gehalt an Vitalstoffen und Enzymen anbelangt, sind frische Pflanzen den industriell hergestellten, erhitzten oder konventionell, also nicht biologisch angebauten Pflanzen weit überlegen.

Meine Erfahrung mit Superfoods und wilder Nahrung

Superfoods stehen auf meinem Speiseplan, weil sie mir guttun und weil ich das Gefühl habe, dass sie mich mit den Nährstoffen versorgen, die mein Körper braucht. Obwohl seit über zehn Jahren nur Nahrungsmittel aus biologischem Anbau auf meinem Speiseplan zu finden sind und ich mich in dieser Zeit hauptsächlich vegetarisch und vegan ernähre – ich aber hin und wieder auch Fleisch gegessen habe –, haben allein die Superfoods es geschafft, eine neue Ebene von Gesundheit und Wohlbefinden für mich bereitzustellen. Ich bin mit Superfoods seltener krank, habe mehr Energie, einen klareren Geist, eine bessere und länger anhaltende Konzentration und bin stressresistenter. Das fällt mir im Vergleich zu anderen Menschen, die keine Superfoods essen, deutlich auf. Ich bin alles in allem leistungsfähiger und zugleich ausgeglichener. Mein Nervenkostüm ist stärker. Ich bin zudem davon überzeugt, dass frische wilde Nahrung mehr Vitalität – und zudem sogar Verjüngung – schenkt als angebaute Nahrung. Vor vielen Tausenden von Jahren aßen die Menschen ausschließlich frische, natürliche, wilde „Superfoods": Kräuter, Beeren, Wurzeln und Pflanzen, die in der Natur wild wuchsen und die sie sammelten. Bevor der Mensch sesshaft wurde und begann, Ackerbau zu betreiben, hatte seine Ernährung eine höhere Nährstoffdichte, denn Funde aus jener Zeit zeigen, dass seine Zahn- und Knochenmineralisierung damals erheblich besser war. Heutzutage sind selbst einfachste Ernährungsweisheiten längst überholt, zum Beispiel die vom täglichen Apfel, der uns den Weg zum Arzt ersparen soll. Hat nicht die Wissenschaft längst herausgefunden, dass der Mensch täglich mindestens 100 Milligramm Vitamin C braucht? Das wären schon mal fünf Äpfel! Heute ist nicht nur unsere tägliche Ernährung erheblich ärmer an Vitalstoffen, wir müssen zusätzlich auch noch die erhöhte Belastung mit Umweltgiften und den Stress, dem wir heute jeden Tag ausgesetzt sind, kompensieren und verarbeiten.

Wenn wir gesund und stark sein wollen, bleibt uns gar keine andere Wahl, als einen natürlichen Weg zu gehen. Bei all den inhaltsstoffarmen, überzüchteten, bestrahlten, chemisch gedüngten und gespritzten und teilweise genmanipulierten Nahrungsmitteln, bei all dem Koffein, den Pillen aus synthetisch hergestellten Vitaminen, dem vielen Zucker … brauchen wir eine zusätzliche, aber natürliche Energiequelle. Wir müssen uns auf den Weg machen und nach der Nahrung suchen, die die richtige für uns ist, *weil sie uns gesund und fit macht.*

Von der „Verpackung" zum Inhalt

Die Fassade des Greenwashing zerbröckelt,
die auf Hochglanz polierte Nachhaltigkeit verblasst.
Niemand glaubt mehr profitgierigen Werbelügen,
Kunden und Verbraucher lassen sich nicht länger prellen.
Konventionelles Obst und Gemüse ist fad und leer,
und es geht nur noch darum, dass es schön aussieht.
Der Medikamentenwahn stirbt langsam mit seinen Patienten,
doch es gibt ein Erwachen aus der kollektiven Hypnose,
hin zu einer neuen Chance:
Die drei Säulen wahrer Nachhaltigkeit
– REGIONAL, BIO und SUPERFOOD –
werden immer salonfähiger!

Es ist jedoch nicht nur der Vitalstoffmangel, der unsere Ernährung allgemein kennzeichnet. Auch was auf unserem Speiseplan steht, trägt entscheidend zu unserer Gesundheit bei. Fast alle Menschen, die ich kenne, essen kaum Grünpflanzen, stattdessen zu viel Zucker und zu viel tierisches Protein, zu viel Fett und zu wenig Frischkost. Selbst Menschen, die sich vollwertig und von Lebensmitteln in Bio-Qualität ernähren, lassen oft die wichtigsten Faktoren für Gesundheit außer Acht: *Auf unser aller Speiseplan sollten täglich frische Grünpflanzen und Wildkräuter stehen.* Und ich meine damit nicht nur die Prise Majoran, die in die Spaghetti gestreut wird, sondern tatsächlich eine Handvoll Wildkräuter täglich! Außerdem ist es wichtig, mehr basische als saure Nahrungsmittel zu sich zu nehmen und den Körper ausreichend mit Ballaststoffen und vor allem mit frischen Vitalstoffen zu versorgen, die in Gemüsen und Früchten aus biologischem Anbau enthalten sind. Wer sich wirklich gesund ernähren will, der braucht mehr Wissen, mehr Zeit und mehr Muße, um sich jeden Tag das richtige Essen zuzubereiten. Viele Menschen sind in unserer herausfordernden Zeit damit überfordert, sich auch noch mit dem Thema „Ernährung" intensiv auseinanderzusetzen. Was aber wäre, wenn es tatsächlich eine einfache und für jeden umsetzbare Lösung gäbe? – Und die gibt es: Es sind Superfoods! Denn sie

- enthalten, bereits in geringeren Mengen genossen, viele Vitalstoffe und Enzyme, die wir täglich brauchen;
- helfen, das Säure-Basen-Gleichgewicht aufrechtzuerhalten;
- geben Energie und sind die ideale Alternative zu Koffein;
- sind 100 Prozent natürlich und ihre Nährstoffe werden im Gegensatz zu synthetisch hergestellten Vitaminpräparaten vom Körper auch wirklich aufgenommen;
- sind einfach zu beschaffen (Online-Bestellung) und
- in Smoothies einfach und schnell zubereitet.

Mit einem Superfood-Smoothie können Sie (je nach Inhalt) Ihren kompletten Tagesbedarf an Vitalstoffen abdecken. Es wird Ihnen leichterfallen, auf Süßigkeiten und Kaffee zu verzichten und Sie leisten einen aktiven Beitrag für Ihre momentane und Ihre zukünftige Gesundheit. Der Ernährungsexperte David Wolfe[1] sagt, wir könnten im ungeahnten Ausmaß von Superfoods profitieren, wenn es uns gelänge, sie in unsere tägliche Ernährung zu integrieren. Und die einfachste Möglichkeit sind hier Superfood-Smoothies.

Superfood-Smoothies – das Plus für eine gesunde Lebensweise

Gesunder Genuss steigert die Lebensqualität, und Smoothies ermöglichen es Ihnen auf einfache Weise, für diesen Genuss selbst zu sorgen. Smoothies sind sehr leicht zuzubereiten und Sie können sie natürlich je nach Jahreszeit variieren. Sie sind sehr abwechslungsreich und lassen sich genau auf Ihre persönlichen Vorlieben abstimmen.
In den letzten Jahrzehnten wurden wir mit einer ganzen Reihe neuer Ernährungslehren und Anweisungen zu teilweise komplizierten Zubereitungsarten gesunder Nahrung bombardiert. Viele Menschen haben in ihrem Alltag allerdings kaum die Muße für aufwendige gesunde Kreationen und wissen zu wenig über einfache Zubereitungen und Kombinationen, die auch wirklich lecker schmecken. Entdecken Sie jetzt, wie kinderleicht es ist, Smoothies herzustellen, und lernen Sie durch *Superfood-Smoothies* kennen, was Sie kinderleicht in Ihre Ernährung einbauen können. Die Rezepte in Teil 3, „Superfood-Smoothies mixen – jeden Tag" (Seite 67 ff.; siehe auch „Register der Rezepte", Seite 173), zeigen Ihnen, wie das geht. Und Sie werden Schritt für Schritt inspiriert, mit Freude selbst kreativ zu sein.

Was ist denn nun ein Smoothie?

Das Wort „Smoothie" stammt aus dem Englischen – *smooth* bedeutet „weich" oder „geschmeidig". Ein „Smoothie" ist daher ein weich pürierter Früchtemix. Im Gegensatz zum Saft werden bei einem Smoothie bis auf Stiele und harte Kerne alle Bestandteile der Zutaten verwendet. Ein Smoothie ist also kein „Shake", der eher auf der Basis von Softeis oder Milch hergestellt wird. Die indische Variante des Shakes – das „Lassi" – basiert meist auf Joghurt und Früchten und ist süß oder salzig, in Thailand gibt es auch Lassis mit Kokosnusswasser.

Die Natur der Smoothies ist: *Vielfalt in Geschmack, Frische, Leben und Genuss.* Smoothies sind pürierte Nahrung und eignen sich ideal als Frühstück, als Dessert an einem Sommertag oder als „Good Food" im Büro. Smoothies sind nährstoffreich und Sie können sie schnell und einfach selbst in einem Mixer herstellen. Diese Power-Drinks sind ein fantastischer Weg, sich jederzeit gesund *und* genussvoll zu ernähren, und das ohne großen Aufwand. Es kommt einzig und allein darauf an, dass Sie die Zutaten verwenden, die Ihnen schmecken und guttun.

Und was macht den Smoothie so besonders?

Je nach Zutaten-Kombination sind Smoothies in ihrem Geschmack süß, fruchtig, nussig, erfrischend, bitter oder schokoladig. Und es liegt ganz an Ihnen, welche Komposition Sie kreieren. Es ist interessant, den persönlichen Lieblingsgeschmack mit gesunden Zutaten zu erzielen, die, allein für sich gegessen, oft nicht gut schmecken. Bestimmte Superfoods in Pulverform schmecken zum Beispiel erst richtig gut im Smoothie und werden durch ihn erst täglich in einer größeren Menge verfügbar. Durch die Kombination Ihres Lieblingsgeschmacks mit einer vielleicht weniger beliebten, jedoch gesunden Zutat entsteht etwas Neues. Sie können sich mit Smoothies nachhaltig und langfristig gesund ernähren und gleichzeitig Ihr Essen genießen. Das macht das Mixgetränk zu einer revolutionären Besonderheit.

Und hier: die Meinung eines Experten auf dem Gebiet der Ernährung

Sinn und Zweck von Smoothies ist es, die Bioverfügbarkeit der Vitalstoffe ihrer einzelnen Zutaten für den Körper durch eine Kombination und damit die Synergie unterschiedlicher Zutaten zu erhöhen. Damit der Körper die Inhaltsstoffe eines Superfoods (Grünpflanze, Frucht oder Pulver) besser aufnehmen und verwerten kann, benötigt er oftmals eine weitere Komponente, wie zum Beispiel gesunde Fettsäuren, um den maximalen Nährwert der speziellen Zutat überhaupt erst aufschließen zu können. Das feine Pürieren der Lebensmittel bricht außerdem die Zellulosewände der Pflanzenzellen auf, wodurch unser Körper überhaupt erst in den vollen Genuss der Fülle der in ihnen enthaltenen Vitalstoffe kommen kann. Das Pürieren ist somit eine Art von Vorverdauung, die hilft, unserem Organismus die lebenswichtigen Vitalstoffe direkt und einfach zugänglich zu machen. Anders als beim Entsaften bleiben im Smoothie die für einen gesunden Darm wichtigen Ballaststoffe erhalten.

Christian Dittrich-Opitz sagt hierzu:
„Manchmal tritt im Zusammenhang mit Smoothies die Frage auf, warum denn das Pürieren von Nahrung sinnvoll sei. Es gibt auch Bedenken, dass die Nahrung durch das Mixen geschädigt werden könnte oder dass wir mit pürierter Nahrung zu wenig kauen. Dass das Kauen der Nahrung und Knackiges zu essen wichtig sind, bleibt unbestritten, in der Praxis zeigen sich jedoch folgende großen Vorteile des Pürierens:

1. *Im Fall der grünen Blätter wird eine molekulare Zerkleinerung von Zellulose erreicht, die durch Kauen mit unseren zivilisierten Gebissen nicht möglich ist. Primaten kauen mit 10- bis 15-mal mehr Kraft als wir Menschen und zerkleinern so die Zellulose der Blätter, die ja 45 bis 80 Prozent ihrer Nahrung ausmachen. In den Zellulose-Strukturen der grünen Blätter finden wir einen erheblichen Teil der Vitalstoffe, die ungenutzt den Darm passieren, wenn grüne Blätter als Salat gegessen werden. Jeder, der über einen bestimmten Zeitraum grüne Smoothies zu sich nimmt, bestätigt die tiefere Sättigung und Zufriedenheit im Vergleich zum Essen von Salat.*
2. *Manche Konstitutionstypen vertragen roh verspeiste Nahrung auf Dauer nicht gut. Vata-Typen können nach der ayurvedischen Lehre mit rohen Salaten auf Dauer ein erhebliches Ungleichgewicht erfahren. Pürieren verändert die energetische Natur der Nahrung auf eine Weise, sodass sie anschließend für alle Konstitutionstypen passt. Es gibt nur sehr wenige Vata-Typen, die mit einer auf Smoothies basierenden Rohkost Probleme haben, aber sehr viele, die mit gewöhnlicher Rohkost genau die Probleme bekommen, die im Ayurveda beschrieben werden.*

Manche Mischungen haben eine Art synergistische Wirkung, nach dem Motto: ‚Das Ganze ist mehr als die Summe seiner einzelnen Teile.' Die Wirkung der einzelnen Inhaltsstoffe ist erst in Kombination mit anderen besser assimilierbar für den Körper. Der Lubrikator, den ich empfehle, ist so ein Beispiel. Wenn Fett und Eiweiß mit Zitronensaft und Honig gemixt werden, entsteht ein Gemisch, das die Verdauung von Fett und Eiweiß stark fördert. Gewürze im Lubrikator, wie Kardamom oder Zimt, können ebenfalls Synergiewirkungen erzielen, die das Essen der Zutaten im ungemixten Zustand nicht hat."[2]

Ich selbst vertrage grüne Smoothies ohne Fettsäuren besonders morgens sehr gut. Der Superfood-Smoothie, der reich an rohen gesättigten Fetten ist und den Christian

Dittrich-Opitz „Lubrikator" (Fettgetränk) nennt, schmeckt mir am besten als Mittagessen, als schnell zubereitetes Superfood nach dem Sport oder als Abendmahlzeit. Jeder Smoothie hat eine andere Wirkung. Je mehr Smoothies Sie zubereiten, desto mehr Erfahrung sammeln Sie, und bald wissen Sie, welcher Mix zu welcher Tageszeit am besten zu Ihnen passt.

Ich wünsche mir, dass Sie Ihren Smoothie und Ihre bevorzugte Zutaten-Kombinationen mit Superfood Smoothies finden. Es kann sein, dass nicht jeder Smoothie für Sie ideal ist, aber das ist kein Problem, weil die Vielfalt der kombinierbaren Zutaten schier unendlich ist. Darum: Probieren Sie einfach aus, welche Rezepte Ihnen je nach Lebenssituation und Tageszeit gut schmecken und ausreichend Energie liefern.

Smoothies – so vielfältig wie das Leben selbst …

Wie schon erwähnt, können Smoothies zu jeder Tageszeit getrunken werden: vor dem Frühstück, als Frühstück, als Mittagsmahlzeit, nach dem Sport, begleitend zu Entgiftungskuren, zum Abnehmen, als Zwischenmahlzeit, als Dessert, als Teil des Picknicks, auf Kinderausflügen, als „Schulbrot", wenn Sie (oder Ihre Kinder) Verlangen nach Süßem haben, als „Fastfood" an einem hektischen Tag, als schnell zubereitetes Abendessen …

Abpacken und transportieren lässt sich der Smoothie in Shaker-Bechern aus Plastik, besser noch in einem Schraubglas oder einer Glasflasche mit Schraubverschluss. An dieser Stelle möchte ich kurz erwähnen, dass es am besten ist, den Smoothie immer frisch zuzubereiten und zu trinken. Er sollte am gleichen Tag gemixt und getrunken werden. Die meisten Smoothies schmecken an dem Tag, an dem sie zubereitet wurden, einfach am besten. Und: Je frischer sie sind, desto mehr Vitalstoffe enthalten sie. Im Vergleich zu Fertigsmoothies, die teilweise auch schon Superfoods wie zum Beispiel Gojibeeren enthalten, kann man nur bei selbst hergestellten Smoothies wirklich auf ihre Frische vertrauen. Fertigsmoothies aus dem Supermarkt sind entweder durch Erhitzen länger haltbar gemacht oder sie enthalten Stabilisatoren und/oder Konservierungsstoffe. Bei Ihrer eigenen Mixtur entscheiden nur Sie, was in Ihren Powerd-Drink hineinkommt. Smoothies sind so vielfältig wie das Leben selbst: Es stehen Ihnen schier unbegrenzte Möglichkeiten zur Verfügung, wenn es um die Zutaten geht. Lassen Sie sich von den Rezepten in diesem Buch inspirieren und werden Sie selbst kreativ. Legen Sie sich einen Vorrat gesunder Superfoods zu und haben Sie stets ein paar frische grüne Kräuter und Blattgemüse sowie frische Früchte im Haus. Smoothies sind eine komplett neue Welt der Nahrungszubereitung. Sie haben die Möglichkeit, sich jeden Tag den Smoothie zu mixen, auf den Sie gerade Appetit haben und der Sie mit Energie versorgt.

… und ein wahres Kraft- und Energiepaket

Ein Smoothie kann mitunter Ihren täglichen Kaffee ersetzen. Ein Übermaß stimulierender Getränke wie Kaffee oder Schwarztee kann verhindern, dass Ihr Körper die in der Nahrung enthaltenen Mineralien aufnimmt und kann so auf Dauer Ihr Nervenkostüm schwächen. Der Smoothie funktioniert dabei nicht wie eine „Ersatzdroge", er gleicht vielmehr Defizite aus und gibt Ihnen Ihre natürliche Lebensenergie zurück, ohne dass Sie sich extra stimulieren müssten.

Wenn Sie ausgewogen frühstücken und nur alle zwei bis drei Tage einen Smoothie trinken, ist Ihr Körper bereits besser mit Vitalstoffen und Mineralien versorgt, als er es bislang gewohnt war. Aus Erfahrung kann ich sagen, dass nach spätestens drei Wochen eine deutliche Veränderung in Bezug auf Ihren Energiehaushalt spürbar ist. Außerdem greifen die meisten Smoothie-Trinker seltener oder gar nicht mehr zu Koffein. Besonders grüne Superfood-Smoothies liefern Ihnen jeden Tag aufs Neue einen koffeinfreien und daher länger anhaltenden Energieschub.

So zu leben ist intelligent und macht Spaß … und sexy. Es ist schön, über ausreichende Energiereserven zu verfügen, Sie sind dann einfach gelassener und können den Stürmen des Lebens besser trotzen. Je gesünder und ausgewogener Sie sich ernähren, desto besser sind Sie versorgt mit allem, was Ihr Körper braucht. Ihre Ausstrahlung wird attraktiver, Sie sehen gesünder und vitaler aus und Sie fühlen sich einfach wohler in Ihrer Haut, die schöner und jugendlicher wirkt.

Das Nonplusultra der täglichen Ernährung

Mit Superfoods ist es so einfach, Ihre Gesundheit und Fitness zu verbessern. Sie benötigen keine aufwendige Diät, keine Fachkenntnisse und müssen keine „gesunden" Sachen essen, die Ihnen nicht schmecken. Mit Superfood-Smoothies müssen Sie nicht auf Genüsse verzichten, im Gegenteil: Sie gewinnen sogar neue Genüsse hinzu! Wenn Sie über längere Zeit Superfoods zu sich nehmen, fällt es Ihnen leichter, Kaffee, Kuchen, Cola, Pommes & Co. zu entsagen – und zwar nicht, weil Sie sich dazu zwingen, sondern weil Ihnen diese Dinge einfach nicht mehr schmecken. Superfood-Smoothies liefern Ihnen alle Vitalstoffe, die Ihr Körper täglich braucht, und folglich werden Sie immer seltener von Gelüsten auf Ungesundes heimgesucht. Ist das nicht genau, wonach Sie sich immer gesehnt haben: jeden Tag wirklich gut versorgt zu sein und, was Ihren Energiehaushalt anbelangt, aus dem Vollen schöpfen zu können?

Wenn Sie jeden Tag Superfoods zu sich nehmen (und sei es auch nur in geringen Mengen) – und das nur 6 bis 9 Wochen lang –, werden Sie sich wie ausgewechselt fühlen. Die positive Auswirkung auf Ihren Energiezustand, Ihr Wohlbefinden und Ihre allgemeine Gesundheit wird deutlich spürbar sein. Superfoods potenzieren die Wirkungen einer gesunden Lebensweise um ein Vielfaches! Und selbst wenn Sie dennoch ab und zu gern Kaffee, Kuchen, Cola, Pommes & Co. trinken bzw. essen, können Superfoods diese ungesunde Lebensweise bis zu einem gewissen Grad ausgleichen. Egal wie Sie sich ernähren: Superfoods werden Ihnen und Ihrem Körper guttun.

Superfood-Smoothies – perfekt für Vegetarier und Veganer

Sie werden sich wundern, wie viel Verantwortung Sie auf einmal für sich selbst und Ihre Gesundheit übernehmen können, wenn Sie vegetarisch oder sogar vegan zu leben beginnen. Diese Eigenverantwortung ist etwas Positives. Gesunde Smoothies helfen Ihnen, auf Fleisch zu verzichten oder seinen Genuss zumindest zu reduzieren. Sie müssen allerdings nicht vegetarisch oder vegan leben. Je mehr Sie jedoch über die Wirkung von Fleisch und Milchprodukten auf Ihre Gesundheit erfahren, desto weniger werden Sie davon essen wollen.

Ich empfehle Ihnen, einen Versuch zu wagen: Leben Sie einmal über einen längeren Zeitraum vegetarisch. Sie werden überrascht sein, wie stark diese Ernährungsweise Ihr Wohlbefinden und Ihr Glücksempfinden fördert, besonders wenn Sie während dieser Testphase reichlich vollwertige Nahrung, Frischkost und Superfoods zu sich nehmen. Es kann auch sehr positiv sein, sich über eine gewisse Zeitdauer vegan zu ernähren, ich propagiere allerdings keine hundertprozentig vegane Ernährung als Garant für eine langfristige Gesundheit. Mich persönlich konnte eine ausschließlich vegane Ernährung bisher einfach nicht überzeugen.

Worauf Vegetarier und Veganer achten sollten[3]

- Die Versorgung mit den Vitaminen C, D, B_2 und B_{12} sowie Kalzium und Eisen st wichtig.
- Kinder haben einen erhöhten Bedarf an Vitamin C und D sowie an Kalzium und Eisen.
- Frauen haben wegen der Monatsblutung einen höheren Bedarf an Eisen als Männer.
- Schwangere Frauen müssen auf die Zufuhr von Vitamin C, D, B_2 und B_{12} sowie Kalzium, Folsäure und Eisen achten.
- Ältere Menschen haben einen erhöhten Bedarf an Aminosäuren, an Vitamin C und D sowie an Betacarotin und Folsäure. Sie sollten ausreichend Frischkost essen.
- Veganer sollten auf eine ausreichende Versorgung mit Eisen, Kalzium, Jod, Vitamin B_{12} und Zink achten.

Wenn Sie Superfood-Smoothies in Ihre tägliche Ernährung aufnehmen, sind Sie mit einem Großteil dieser lebenswichtigen Nährstoffe versorgt.

Zum Thema „gesättigte und ungesättigte Fettsäuren"

Im Superfood-Smoothie haben die richtigen, gesunden Fette eine Schlüsselbedeutung, was Verwertung und Bioverfügbarkeit von Vitalstoffen sowie die Ausleitung von Schlacken anbelangt. Fette machen nicht nur die Konsistenz cremiger, sondern potenzieren auch viele Inhaltsstoffe in ihrer Wirkung. Da in den meisten Superfoods gesunde Fettsäuren enthalten sind, bringen sie den normalen Smoothie auf eine neue gesundheitliche Ebene. Ein weiterer Pluspunkt für die Superfoods!
In diesem Zusammenhang möchte ich noch einmal Christian Dittrich-Opitz zu Wort kommen lassen:

„Eine Ernährung, die dem biologischen Design des Körpers gerecht wird, sollte das Folgende enthalten:

- *gesättigte Fettsäuren, wie Laurinsäure, Caprylsäure und andere. Diese sind keineswegs nur Energieträger, sondern spielen auch eine wesentliche Rolle in der Wasserversorgung der Zellen, bei der Entgiftung von Schwermetallen und fettlöslichen Giften sowie für das Immunsystem. Die besten Quellen roher gesättigter Fettsäuren sind Kokosmus, Kokosöl, aber vor allem auch Rohmilchbutter. Und*
- *mehrfach ungesättigte Fettsäuren zum Aufbau von Zellmembranen, Prostaglandinen, Hormonen und Blutkörperchen. Die besten Quellen der mehrfach ungesättigten Fettsäuren sind Mikroalgen, Chiasamen, Hanfsamen, Walnüsse, Zedernnüsse und andere Samen. Weniger empfehlenswert sind flüssige Pflanzenöle, da die mehrfach ungesättigten Fettsäuren sehr anfällig für Oxidation sind. Fisch ist angesichts der heutigen Umweltbelastung nicht empfehlenswert.*

In den vergangenen Jahren wurde deutlich auf die Wichtigkeit der mehrfach ungesättigten Fettsäuren aufmerksam gemacht, doch die große Bedeutung der rohen gesättigten Fette wird immer noch zu wenig beachtet. Wenn Menschen eine Weile auf alle Pflanzenöle, die bei Zimmertemperatur flüssig sind, verzichten und vermehrt Rohmilchbutter und Kokosmus oder Kokosöl aus erntefrischen Kokosnüssen zu sich nehmen, erleben sie eine deutlich bessere zelluläre Wasserversorgung. Entgiftungsprozesse laufen effektiver und angenehmer ab. Besonders eindrücklich ist die Beobachtung, dass nach einigen Monaten dieser Art der Fetternährung fast alle Menschen dabeibleiben, regelmäßig rohe gesättigte Fette zu essen und flüssige Pflanzenöle nur sehr selten verwenden. Wenn ein Öl bei Zimmertemperatur flüssig ist, so enthält es überwiegend ungesättigte Fettsäuren. Kokosöl schmilzt erst bei 27 °C, weil es aus gesättigten Fettsäuren besteht.

Rohmilchbutter ist ein exzellentes Lebensmittel für eine Grundversorgung mit Fett. Grasfressende Tiere produzieren übrigens in ihrer Milch auch die wertvollen Omega-3-Fettsäuren, was bei Silofütterung nicht mehr geschieht. Rohmilchbutter enthält außerdem Enzyme, die sich besonders positiv auf Gehirn und Nervenzellen auswirken. Kokosöl und Kokosmus sollten nur aus erntefrischen Kokosnüssen hergestellt sein. Kokosfett dieser Qualität stärkt in besonderem Maß das Immunsystem und unterstützt ebenso wie die Rohmilchbutter die Wasserversorgung der Zellen."[4]

Sofern Sie raffinierten Zucker aus Ihrer Ernährung streichen und Ihren täglichen Früchtekonsum auf die Superfood-Smoothies reduzieren, ist es sehr sinnvoll, zusätzlich rohe gesättigte Fettsäuren zu essen. Der Lubrikator (Rezept siehe Seite 152) ist eine wunderbare Möglichkeit, diese gesunden Fette in geeigneter Form zu genießen.

Auf zu neuen Ufern!

Das Leben ist Fülle, und wenn wir in die Natur schauen, sehen wir sie überall: Die Wälder, die Wiesen, das Meer, die Berge und die Wolken sind der Beweis für Fülle und Vielfalt, die das Wesen der Natur sind. Und eine gute Ernährung sollte genau das sein: vielfältig und natürlich. Ein wichtiger Schritt in diese Richtung ist die biologische Vollwertkost. Wer zusätzlich noch vegetarisch lebt, isst natürlicherweise mehr pflanzliche Kost. Wer vegan lebt (also generell auf tierische Produkte verzichtet), isst oft noch mehr pflanzliche Kost und ernährt sich in der Regel vollwertig. Wer schlau is(s)t und sich – bevor er zu einer veganen Ernährungsweise übergeht – genau darüber informiert, was der Körper braucht und woher er es bekommt, wird sehr von diesen Kenntnissen profitieren. Wenn Sie einfach nur alle tierischen Proteine weglassen, ohne sich über eine vollwertige Ernährung, bestimmte Superfoods und den Vitalstoffgehalt der grünen Pflanzen informiert zu haben, kann ein solcher rigoroser und idealistisch geprägter Veganismus Ihrem Körper sogar Schaden zufügen.

Hören Sie auf Ihr Herz!

Ein Beispiel für vegane Eintönigkeit wäre das Abwechseln von Pasta, Kartoffeln und Reis. Vielfältiger wäre es, wenn Sie auch Dinkel, Vollkorneis, Buchweizen, Quinoa, Amarant und Gerste in Ihren Speiseplan aufnähmen. Und wenn Sie nun aus diesen Lebensmittel auch noch selbst Sprossen ziehen würden, könnten Sie Ihrem Körper noch wesentlich mehr frische Vitalstoffe zur Verfügung stellen.

Es ist wichtig, zu wissen, was eine vegane oder vegetarische Vollwertkost ausmacht. Zum Glück gibt es heutzutage umfangreiche wissenschaftliche Literatur in diesem Bereich (siehe auch unter „Literaturempfehlungen" im Anhang dieses Buches, Seite 176 ff.). Um den Zusammenhang zwischen Ernährung und Gesundheit immer besser zu verstehen, sollten Sie bestrebt sein, Ihren Horizont ständig zu erweitern.
Folgende Fragen können Ihnen als Hilfestellung für Weitblick im Ernährungsdschungel dienen:

- Welche natürlichen Nahrungsergänzungen[5] gibt es und wozu dienen sie?
- Welche Vorteile hat eine rohköstliche Ernährungsweise und wie viel Rohkost brauche ich täglich?
- Was ist dran am Veganismus und wie weit kann ich auf tierische Proteine verzichten?
- Ist es wirklich gesund für mich, auf Fleisch zu verzichten, und woher bekomme ich die Nährstoffe, die im Fleisch sind?
- Wie gebe ich meinem Körper alle Vitalstoffe, die er täglich braucht?

Je mehr Fragen Sie stellen, desto mehr Antworten werden Sie erhalten. Seien Sie mutig: Betreten Sie Neuland. Lassen Sie sich von diesem Buch dazu inspirieren, Ihre gewohnte Sichtweise zu erweitern. Probieren Sie etwas Neues aus – Dinge, von denen Sie sich angezogen fühlen!

Alles, was Sie für sich und Ihre Gesundheit tun, sollten Sie von ganzem Herzen und aus Überzeugung angehen. Dogmatische Richtlinien haben nichts mit Liebe zu tun und sind alles andere als „vollwertig", geschweige denn „ganzheitlich". Sie sind viel mehr unnatürlich und nicht wirklich durchdacht, egal wie perfekt sie auch erscheinen mögen. Perfektionismus hat nichts mit Genuss und Lebensfreude zu tun und schadet Ihnen über kurz oder lang. Egal wie ausgefeilt und nährstoffoptimiert eine Ernährungsweise erscheinen mag, sie ist nur dann wertvoll, wenn Sie sie auch wieder loslassen können. Es ist viel wichtiger, dass das, was Sie tun, Ihr Herz berührt und mit Freude und Dankbarkeit getan oder genossen wird, insbesondere wenn es ums Essen geht. Die Freude trägt viel dazu bei, wie bekömmlich eine Mahlzeit ist. Wenn Sie Freude beim Essen empfinden, können sie selbst aus einem nährstoffarmen Essen noch das Beste herausholen.

Mein Tipp: Essen Sie so oft wie möglich draußen an der frischen Luft und in der Sonne!

Gönnen Sie sich kleine „Sünden"

Zwingen Sie sich zu nichts, Zwang ist kontraproduktiv. Ich behaupte sogar, dass kleine Es(s)kapaden – gelegentliche ungesunde Genüsse – aus einer „gesunden Ernährung" gar nicht wegzudenken sind, denn auch sie nähren letztendlich Ihre Seele, nur auf einer anderen Ebene. Es gibt übrigens auch in der gesunden und blühenden Rohkostwelt einige äußerst köstliche und nachhaltige „Sünden"!

„Life is not about denial, its abundance. Enjoy every moment!"

(Im Leben geht es nicht um Verzicht, sondern um Fülle. Genießen Sie jeden Augenblick!) Werbeslogan auf dem „Lifebar"-Rohkostriegel der Firma *Lifefood*

Ob Sie nun die „Todsünden" der Ernährung wählen (Schwarzwälder Kirschtorte und Cappuccino) oder nur die „mittelschweren Sünden" (feine vegane Rohkostkuchen und rohköstliche Desserts), überlasse ich Ihnen. Wenn die tragenden Säulen Ihrer Gesundheit stabil sind, können Sie sich ruhig ab und zu entspannt gehen lassen. Den Weg der goldenen Mitte finde ich persönlich ehrlicher und er lässt uns gelassener durchs Leben gehen als der asketisch verkrampfte Gesundheitsfanatismus, bei dem man sich krampfhaft (zumindest in der Öffentlichkeit) jede Sünde verkneift, sich für seine „Schlemmer-Sehnsüchte" tadelt und sich den spontanen Genuss versagt, nur um weiterhin seinem Selbstbild zu entsprechen, das sowieso niemand auf Dauer aufrechterhalten kann. Wenn Sie allerdings zu der Kategorie „Dauerschlemmerer" gehören, könnte möglicherweise der Gegenpol, das Fasten oder der (gelegentliche) Verzicht auf Genussmittel jeglicher Art eine ungeahnte und überaus wertvolle Bereicherung für Sie sein. Probieren Sie es aus. Das Leben hält viele Überraschungen für den bereit, der sich auf die lebendige Vielfalt der Welt einlässt.

Und was ist mit fertigen Smoothies?

Ich freue mich über das wachsende Interesse an Frischkost in Form von Smoothies und Superfoods. Es machen sich bereits Veränderungen bemerkbar, denn inzwischen findet man „Frischkostbars" mit frisch gemixten Smoothies sogar schon in Bahnhöfen und Kaufhäusern. Ich besuche diese Bars, wenn ich auf der Durchreise bin und finde es sehr positiv, dass es sie gibt. Die Frage, ob solche kommerziellen „Frischkostbars" nicht nährstoffarme Früchte verkaufen, ist berechtigt, denn das Obst, das dort verwertet wird, ist meist nicht aus biologischem und schon gar nicht aus regionalem Anbau. Wahrscheinlich ist das Obst in solchen Bars (besonders die tropischen Früchte) mit Pestiziden behandelt und womöglich sogar gentechnisch manipuliert. Dennoch: Dieses Angebot ist ein Schritt in die richtige Richtung, denn auch in diesen Früchten sind noch Enzyme und Vitamine vorhanden.

Sind die Smoothies in Flaschen abgefüllt, wurden sie pasteurisiert, um haltbar zu bleiben. Durch dieses Erhitzen geht ein Großteil der Inhaltsstoffe verloren. Ein industriell abgefüllter Smoothie ist daher eher eine Süßigkeit als ein Lieferant von Vitalstoffen. Das Beste ist es daher, sich Smoothies selbst frisch zuzubereiten. Mixen Sie Ihren Lieblingssmoothie zu Hause aus biologischen Zutaten und füllen Sie ihn in eine Glasflasche ab, die Sie mitnehmen können. Packen Sie ihn gegebenenfalls in eine Thermoflasche, um ihn im Sommer kühl zu halten oder im Winter vor dem Gefrieren zu schützen. So können Sie sich jederzeit und überall Ihren ganz persönlichen Vitalstoffkick geben!

Ihre ganz persönliche Gesundheitspyramide

„Gesundheit" ist ein Begriff, dessen Definition von einem „Zustand, der nicht Krankheit ist", bis hin zu „höchstem ganzheitlichem Wohlbefinden, geistiger Klarheit und körperlicher Fitness" reicht. Könnte das höchste Maß an körperlicher Gesundheit nicht auch unsere geistige Klarheit fördern und unsere bewusste, fühlende Wahrnehmung erweitern?

Unterstützen Sie Ihre Gesundheit und Fitness mit Superfood-Smoothies, entscheiden Sie sich für Vielfältigkeit und Vollwertigkeit, anstatt für schnelle Sättigung und Suchtbefriedigung. Es gibt viele Möglichkeiten und Faktoren, mit denen Sie Ihre Gesundheit und Ihr Wohlbefinden steuern und positiv beeinflussen können. Jedes Mal, wenn Sie Verlangen nach Chips, Süßigkeiten, Zigaretten oder Junkfood verspüren, können Sie, statt dem nachzugeben, einen grünen Superfood-Smoothie trinken. Er ist genau das, was Ihr Körper braucht, denn er enthält Vitalstoffe statt leere Kalorien. *Greifen Sie zu fühlbarer Energie, anstatt sich emotional mit Essen zu trösten.*

Immer wenn ich mich dafür entschieden hatte, alte Gewohnheiten aufzugeben und etwas Neues auszuprobieren, legte das den Grundstein dafür, dass mein Leben erfolgreicher und glücklicher wurde. Die Voraussetzung für einen positiven Wandel schaffen wir uns selbst, indem wir den ersten Schritt in die neue Richtung gehen. Tun Sie sich lieber früher etwas Gutes, als dass Sie später mit dem Karren so im Dreck feststecken, dass Sie nicht mehr allein aus dem Schlamassel herauskommen.

Ich habe eine Gesundheits-Pyramide erstellt, die Ihnen helfen kann, Ihrem Leben einen rundum gesunden Fokus zu geben. Es handelt sich dabei um Bereiche, die meiner persönlichen Erfahrung nach einen wichtigen Grundstein für meine Gesundheit und meine Lebensfreude legen. Vor allem die Spitze der Pyramide ist wichtig. Ich habe für mich immer wieder die Erfahrung gemacht, wie wichtig es ist, ein langfristiges Lebensziel oder eine erfüllende Lebensvision zu haben und diese auch konkret umzusetzen. Wenn jemand keine Freude an seinem Leben hat, wenn er nicht bereit ist, seine Wünsche, Ideen, Träume und Ziele auch tatsächlich zu verwirklichen, kann er sich noch so gesund ernähren, er wird immer unglücklich und unerfüllt bleiben. Ich habe schon einige gesundheitsbewusste Menschen kennengelernt, die sehr unglücklich sind trotz ausgewogener und vitalstoffreicher Ernährung. Wer sich die meiste Zeit des Tages Gedanken darüber macht, was er essen soll, um glücklicher, strahlender und gesünder zu sein, der hat etwas falsch verstanden. Ernährung macht zwar einen großen Bereich der Gesundheit aus, ist aber bei Weitem nicht der einzig wichtige.

Meine Pyramide möchte Ihnen den liebevollen Impuls geben, Ihre Bedürfnisse für ein rundum erfülltes Leben aufzuschreiben und dann auch ernst zu nehmen. Ich erhebe mit meinem Vorschlag keinerlei Anspruch auf Allgemeingültigkeit, sondern möchte Sie

lediglich dazu ermuntern, eine solche Pyramide ganz individuell für sich selbst zu erstellen und sie mit all den Dingen zu füllen, die Ihnen richtig guttun. Das Aufmalen und Skizzieren einer solchen Pyramide kann Klarheit schaffen und eine echte Hilfestellung sein. Wenn Sie sich Ihre Wünsche, Prioritäten und Ziele täglich vor Augen führen, werden Sie immer mehr anziehen, was Ihnen guttut, und mit der Zeit feststellen, dass Sie immer gesünder und glücklicher werden.
Fragen Sie sich:

- Was bedeutet Gesundheit für mich?
- Was brauche ich, um glücklich zu sein?
- Was fördert meine Klarheit und meinen Fokus?
- Was gibt mir wirklich Kraft?
- Was erfüllt mich von innen mit Lebendigkeit?

Am besten beginnen Sie mit einem Brainstorming, filtern das Ergebnis aus und gliedern die Inhalte nach Themen. Tragen Sie dann die Dinge, die Ihnen wichtig sind, geordnet in eine Pyramide ein. Hängen Sie sich die Pyramide sichtbar in der Küche oder an einem anderen Ort Ihrer Wahl auf. Sie werden staunen, wie schnell Sie alte Gewohnheiten, die Sie klein halten, durch neue ermächtigende Gewohnheiten ersetzen können. Viel Spaß und Erfolg dabei!

Erfüllende Lebensvisionen
Spiritualität, gesunde Umwelt, positive Schwingungen und Frequenzen, Meridiane, Körperenergetik, Bewusstseinswachstum, emotionale Weiterentwicklung
natürliche Heilmittel, Kräuter, alternative Medizin, Prävention, entgiften, entschlacken, Smoothies, Superfood, Nahrungsergänzung
Erfüllung im Beruf, Zweck der Existenz, Berufung leben, gesunde Finanzen, ausreichend Abwechslung im Alltag, Urlaub
Meditation, Ruhe, Pausen, guter Schlaf, Natur, frische Luft, Kontakt mit der Erde und den Elementen, Bewegung (Sport, Yoga, Tai Chi etc.), soziale Kontakte, Freunde, echte Beziehungen, Liebe, ausgewogene Ernährung, ausreichend Flüssigkeit

So vielen Menschen wie möglich das Wissen und die Werkzeuge geben, damit sie ein sinnvolles, erfülltes und inspirierendes Leben führen können.
mein Zuhause als eine Oase einrichten, täglich meditieren, schöne Atmosphäre schaffen, Shiatsu erhalten, Lesen, Seminare für persönliche Weiterentwicklung mitmachen
Bachblüten, Wildkräuter, Akupunktur, täglich entgiften mit Zeolith, 1- bis 2-mal im Jahr entschlacken, Smoothies, Superfoods, Superkräuter, chinesische Tonik-Kräuter
Ein tolles Buch schreiben bringt Sinn und Freude in mein Leben. Ich lebe meine Potenziale und Talente als Autor. So kann ich passives Einkommen generieren. Jeden Tag an die frische Luft, jedes Wochenende in die Natur gehen. So oft Urlaub in schönen Ländern machen wie möglich.
Meditation, Ruhe, Pausen, guter Schlaf, mehr Kontakt mit der Erde und den Elementen, Bewegung (Sport, Yoga, Tai Chi etc.), soziale Kontakte, Freunde, echte Beziehungen, Liebe, ausgewogene Ernährung, ausreichend Flüssigkeit

Teil 2

Alles rund um Superfood-Smoothies

Utensilien & Zutaten

Utensilien, die Sie brauchen

Eigentlich brauchen Sie nur einen Mixer. Wenn Sie kein Hochleistungsgerät haben, beginnen Sie eben mit dem Mixer, der bei Ihnen in der Küche steht, Ihre Superfood-Smoothies zu mixen. Verwenden Sie diesen einfach so lange, bis er kaputtgeht. Bis dahin wissen Sie dann auch sicher, dass Sie Superfood-Smoothies in Ihre tägliche Ernährung integriert haben und dass es sich lohnt, sich einen richtig guten Mixer zu kaufen, der alle Zutaten ganz fein püriert und eine lange Lebenszeit hat.

Wenn Sie noch keinen Mixer besitzen, ist das auch kein Problem: Provisorisch geht es auch mit dem Stabmixer. Ihr Smoothie bekommt dann leider nicht die angestrebte leckere cremige Konsistenz, besonders wenn sie grüne Blätter verwenden.

Wenn Sie sich einen neuen Mixer anschaffen wollen, empfehle ich einen hochwertigen und leistungsstarken Mixer (siehe unter „Bezugsquellen für Superfoods, Rohkost

& mehr“ im Anhang dieses Buches, Seite 174 f.). Diese Geräte schaffen 30.000 Umdrehungen (und mehr) in der Minute, haben also die Power, die Zellulosewände der Pflanzenzellen aufzubrechen, sodass unser Körper alle in den Zellen enthaltenen Vitalstoffe optimal aufnehmen kann.

Wo Sie Superfoods sammeln und einkaufen können

Superfoods können Sie ganz einfach online bei einem Webshop bestellen. Es gibt auch ganz spezielle Onlineshops für Wildkräuter, wenn Sie diese nicht selbst sammeln wollen. Das ist eine ideale Möglichkeit, auch im Winter an Wildkräuter zu kommen. Unter „Bezugsquellen für Superfoods, Rohkost & mehr“ (Seite 174 f.) habe ich eine Liste von Superfood- und Wildkräuter-Webshops für Sie zusammengestellt. Welche Menge Superfoods Sie in Ihren Smoothies verwenden, entscheiden Sie selbst. Meine Mengenvorgaben sind nicht zwingend, denn auch kleine Superfood-Dosierungen bringen bereits große Vorteile.

Und bitte: alles bio!

Alle Rezepte sind vorrangig auf der Basis von Lebensmitteln in Bioqualität konzipiert. Ich empfehle, Gemüse und Früchte aus biologischen Anbau zu nehmen, weil konventionell angebaute Gemüse meistens mit zu vielen Pestiziden und künstlichen Wachstumshilfen behandelt werden. Bei exotischen Früchten ist es oft schwierig, Bioqualität zu finden. Sie können hier auch einmal Ausnahmen machen, sollten aber stets darauf achten, den Großteil des Smoothies mit biologischen Zutaten – und am besten noch in Rohkost-Qualität – zuzubereiten. Superfoods sollten Sie ebenfalls unbedingt in Bioqualität einkaufen!

Tipp: Es gibt Lieferdienste und Online-Versandhandel, die regionales Obst und Gemüse, aber auch exotische Früchte in Bioqualität direkt ins Haus oder zu Ihrem Arbeitsplatz liefern. Adressen finden Sie ebenfalls unter „Bezugsquellen für Superfoods, Rohkost & mehr“ (Seite 174 f.).

Ausgewählte Superfoods von A bis Z

Acai

sind die Früchte der Kohlpalme (*Euterpe oleracea*), einer südamerikanischen Palmenart. Diese „Superfrucht" enthält seltene Antioxidantien (zum Beispiel eine hohe Konzentration an Anthocyanen), essenzielle Fettsäuren und 19 verschiedene Aminosäuren. Acaibeeren zählen aus ernährungsphysiologischer und ökologischer Sicht zu den wertvollsten Schätzen des Amazonasgebietes. Sie enthalten die essenziellen Omega-3-, Omega-6- und Omega-9-Fettsäuren. Zudem ist Acai auch eine hervorragende Quelle für B-Vitamine, Vitamin C und E sowie Mineral- und Ballaststoffe. Die Früchte haben einen niedrigen glykämischen Index (sie enthalten also wenig Zucker). Erhältlich ist Acai hauptsächlich in pulverisierter Form. Die Beere wird dabei gefriergetrocknet, damit ihre wertvollen Enzyme nicht zerstört werden.

Acerola zählt zu den Früchten mit dem höchsten Vitamin-C-Gehalt.

Acerola

ist die Frucht von *Malpighia glabra*, einer Pflanzenart aus der Familie der Malpighiengewächse. Die Acerolakirsche schmeckt leicht säuerlich und ihr Aroma erinnert an das eines Apfels. Sie gehört neben Camu Camu zu den Früchten, die über den höchsten Gehalt an Vitamin C verfügen. Außerdem enthält sie Provitamin A, Vitamine B_1 und B_3 sowie die Mineralstoffe Eisen, Phosphor, Calcium und Magnesium. Die Frucht eignet sich zudem für alle, die auf Zitrusfrüchte allergisch reagieren. Immer wenn eine erhöhte Dosis Vitamin C nötig ist – zum Beispiel bei extremen Wetterverhältnissen, wenn Sie rauchen oder schwanger sind sowie in Stresssituationen –, sollten Sie auf Acerola-Pulver zurückgreifen.

Kaum eine Pflanze ist so kraftvoll und vielseitig wie die *Aloe vera*.

Aloe vera

enthält in ihren Blättern ein Gel, das reich ist an Vitamine A, C und E sowie an den Mineralien Sulfur, Kalzium, Magnesium, Zink, Selen und Chrom. Es verfügt über Antioxidantien, Ballaststoffe, Aminosäuren, Enzyme, Sterole, Lignine und vor allem Polysaccharide (Mehrfachzucker). Die Mehrfachzucker sind zu groß, um im Körper direkt verwertet werden zu können. Erst wenn sie in ihre Bausteine, die leicht löslichen

Monosaccharide zerlegt sind, können sie in den Blutkreislauf aufgenommen und zu den verschiedenen Organen und Muskeln transportiert werden. Durch ihre relativ langen Verdauungszeiten ist eine kontinuierliche Versorgung mit Zucker gewährleistet. Das hat den Vorteil, dass eine gleichmäßige Energieversorgung stattfindet und Blutzuckerschwankungen ausbleiben. Polysaccharide haben außerdem einen befeuchtenden bzw. schmierenden Effekt in Gelenken, im Gehirn, im Nervensystem und für die Haut. Außerdem unterstützen sie unser Immunsystem dabei, Viren und Pilze zu bekämpfen. Die Echte Aloe sorgt bekanntlich auch für eine gute Verdauung. Das Gel ist genießbar, die grüne Schale hingegen ist ungeeignet für Smoothies, da sie zu bitter schmeckt. Sie sollten allerdings ausschließlich *Aloe vera* in Bio-Qualität von frischen Blättern und kein abgefülltes Fertiggel verwenden.

Astragalus (Tragant)

ist eine chinesische Heilpflanze aus der Unterfamilie der Schmetterlingsblütengewächse. Ihre Heimat sind Steppen und Gebirge von Zentral- und Nordasien. Es gibt einige neue Erkenntnisse über Astragalus, obwohl das Kraut in der chinesischen Medizin schon sehr lange verwendet und geschätzt wird. Neueste Studien zeigen eine starke antioxidative und das Immunsystem stärkende Wirkung. *Astragalus* unterstützt außerdem die Reparatur der DNA und die Bildung von Antikörpern. Bei einer Vireninfektion regt es die natürliche Interferon-Produktion in den Zellen an, um die Vermehrung der Viren zu verhindern. Astragalus ist in Pulverform erhältlich.

Blütenpollen

sind hochwertige basische Lebensmittel. Sie sind reich an Antioxidantien, verbessern Fruchtbarkeit und Potenz und können Prostataprobleme vermindern. Blütenpollen gelten traditionell als Stärkungsmittel, verbessern die Ausdauer und fördern eine schnellere Regeneration sowie das Muskelwachstum. Sie senken die Produktion von Histamin und vermindern somit Allergien. Durch ihre B-Vitamine wird der Stress-Abwehrschild gestärkt. Blütenpollen helfen bei Akne und tragen als „Anti-Aging-Mittel" zur Reduzierung von Falten bei. Sie enthalten bis zu 25 Prozent pflanzliches Protein, das aufgrund der Vorverdauung der Bienen für den Menschen einfacher aufzunehmen ist, und neben den Vitaminen C, D und E auch fast alle Vitamine der B-Gruppe (inklusive Vitamin B_{12}) sowie alle essenziellen Aminosäuren.

Camu Camu ist eine Regenwaldfrucht, die viel Vitamin C enthält und für geistige Klarheit und gute Laune sorgt.

Camu Camu

(*Myrciaria dubia*) ist ein weißblühender Strauch aus der Familie der Myrtengewächse, der in der westlichen Amazonasregion, insbesondere in Peru, wächst und dessen rote Früchte einen sehr hohen Gehalt an natürlichem Vitamin C aufweisen. Eine frische Camu-Camu-Beere enthält etwa 4 Prozent Vitamin C, eine frische Zitrone dagegen nur 0,5 Prozent. Außerdem ist sie eine hervorragende Quelle für Kalzium, Phosphor, Kalium, Eisen, Vitamine und Aminosäuren. Traditionell wird Camu Camu verwendet, um das Immunsystem zu stärken, die Sehstärke zu verbessern und eine schöne Haut zu fördern. Camu Camu schützt vor Virusinfektionen, beugt Entzündungen vor und unterstützt die Funktion von Gehirn, Herz und Leber. Die Wirkstoffe der Beere machen uns resistenter gegenüber Stress und fördern die geistige Klarheit. Camu Camu ist hauptsächlich in pulverisierter Form erhältlich.

Carob

wird aus dem Johannisbrotbaum (*Ceratonia siliqua*), einer Pflanzenart aus der Unterfamilie der Johannisbrotgewächse innerhalb der Familie der Hülsenfrüchtler, gewonnen. Das Fruchtfleisch der gebogenen Hülsenfrüchte wird zu Carob-Pulver vermahlen. Der natürliche Zuckergehalt und das spezielle fruchtig-karamellartige Aroma des Pulvers erinnern auch geschmacklich an Kakao, es schmeckt jedoch weniger bitter. Daher wird Carob-Pulver auch häufig zum Süßen verwendet. Im Unterschied zum Kakaopulver ist Carob-Pulver sehr fettarm und frei von anregenden Substanzen wie Koffein oder Theobromin. Der süße Geschmack kommt von den Einfach- und Zweifachzuckern. Außerdem enthält es 35 bis 45 Prozent Mehrfachzucker (Stärke und Ballaststoffe), etwa 5 Prozent Eiweiß, 3,5 Prozent Mineralstoffe, etwa 1 Prozent Fett und zudem reichlich sekundäre Pflanzenstoffe. Das ballaststoffreiche, fettarme Pulver ist zudem reich an Vitamin A, B, Kalzium und Eisen, wodurch es als diätetisches Lebensmittel – besonders auch für Kinder – geeignet ist. Sein Verzehr kann bei gesunden Menschen zu einer kurzfristigen Senkung der Blutfettwerte beitragen und gleichzeitig die Fettverbrennung ankurbeln. Carob-Pulver kann Kakaopulver ersetzen oder ergänzen.

Die vitalstoffreichen Chia-Samen lassen sich mühelos in unsere tägliche Ernährung integrieren.

Chiasamen

stammen ursprünglich aus Zentralmexiko und Guatemala und werden mittlerweile nicht nur dort, sondern auch in mehreren Ländern Südamerikas und in Australien kultiviert. Bei den Azteken war Chia (*Salvia hispanica*) eine wichtige Nahrungspflanze, geriet aber später größtenteils in Vergessenheit. Chiasamen enthalten Eisen, Kupfer, Kalzium, Magnesium sowie Zink und Kalium, das an der Regulation des Wasserhaushaltes der Körperzellen beteiligt ist. Sie sind reich an Antioxidantien und den Vitaminen B_1, B_3 und E. Ihr Eiweißgehalt beträgt etwa 20 Prozent. Angeblich verlangsamen Chiasamen den Umbau von Kohlenhydraten in Zucker. Sie fördern die Ausdauer und sind hervorragende Energielieferanten. Außerdem enthalten sie Omega-3- und Omega-6-Fettsäuren in einem ausgewogenen Verhältnis.

Chlorella

hat ihren Namen wegen ihres hohen Chlorophyllgehalts. Chlorella enthält mehr reines Chlorophyll (etwa 3 bis 5 Prozent) als andere Pflanzen. Die Mikroalge unterstützt die Blutbildung, wirkt reinigend und aufbauend für die Verdauungsorgane und hilft dabei, die Leber zu entgiften. Man verwendet sie auch, um Pestizide, Herbizide und Schwermetalle wie Kadmium, Amalgam und Blei aus dem Körper zu ziehen. Außerdem stärkt sie das Immunsystem und hat möglicherweise krebshemmende Eigenschaften. Chlorella enthält Enzyme, Fettsäuren, bis zu 60 Prozent Protein (Aminosäuren), die Vitamine C und E, viele B-Vitamine sowie Eisen, Kalzium und andere Mineralien. Chlorella ist als Pulver oder in Form von Presslingen erhältlich. Die Alge schmeckt milder als Spirulina und Phytoplankton und zergeht leicht cremig auf der Zunge. Sie ist eine leckere Zutat in Smoothies.

Tipp: Da Mikroalgen stark entgiftungsanregend wirken, empfiehlt es sich, tagsüber viel Wasser zu trinken, um die gelösten Giftstoffe auszuschwemmen. Siehe auch unter „Mikroalgen – Superfoods der Spitzenklasse“ (Seite 53 ff.).

Gerstengras

enthält Enzyme, Chlorophyll, Vitamine, Mineralstoffe und Spurenelemente sowie wertvolle Proteine. Die einzigartigen Bausteine dieser Pflanze wirken synergetisch. Es enthält 11-mal so viel Kalzium wie Kuhmilch, 5-mal so viel Eisen wie Spinat und Brokkoli, 4-mal so viel Vitamin B_1 wie Vollkorn (Weizen), 7-mal so viel Vitamin C wie Orangen und genau so viel Zink wie die reichhaltigsten Zinkquellen tierischen Ursprungs. Es fördert die gesunde Darmflora und gleicht den Säure-Basen-Haushalt aus. Gerstengras gibt es in pulverisierter Form, als Saft und als frisches Gras.

Gojibeeren

oder Wolfsbeeren sind die Früchte des Gemeinen Bocksdorn (*Lycium barbarum*) und enthalten 13 Prozent pflanzliches Eiweiß mit 18 verschiedenen Aminosäuren (davon 8 essenziellen). Außerdem finden sich in ihnen über 21 Spurenelemente sowie Kalzium, Kupfer, Eisen, Magnesium, Phosphor, Selen und Zink. Diese Beeren sind reich an Vitamin A, C, E, B_1, B_2 und B_6. Darüber hinaus verfügen sie über viele Antioxidantien, natürliche Polysaccharide und essenzielle Fettsäuren (zum Beispiel Linolsäure). Die Beeren verbessern den regenerativen Schlaf und helfen beim Abnehmen. In der chinesischen Medizin werden sie traditionell bei Erschöpfung eingesetzt. Sie unterstützen den Blutaufbau, wirken ausgleichend auf den Säure-Basen-Haushalt, stärken die Leber- und die Nierenfunktion und wirken positiv auf die Augen.

Goji-Beeren machen sportlich, stressresistent, abwehrstark und schenken Ausdauer.

Hanfsamen (geschälte)

enthalten essenzielle ungesättigte Omega-3-, Omega-6- und Omega-9- Fettsäuren in einem ausgewogenen Verhältnis. Sie gehören zu den wenigen pflanzlichen Produkten, die über einen hohen Gehalt an rohen gesättigten Fetten verfügen. Des Weiteren enthalten sie reichlich Antioxidantien, B-Vitamine und Mineralien. Sie haben mit etwa 35 Prozent einen sehr hohen Gehalt an pflanzlichem Eiweiß, das leicht von unserem Körper aufgenommen wird. Inzwischen gibt es Hanfsamenprotein als Fertigprodukt in biologischer Rohkost-Qualität zu kaufen. Kalt gepresstes Hanfsamenöl ist übrigens eine gute Alternative zu Leinöl, da es im Kühlschrank länger haltbar ist.

Geschälter Hanfsamen, Hanfsamen-Öl und -Pulver sind hochwertige Produkte.

Kakao, roher

Gemeint sind hier die Samen des Kakaobaumes (*Theobroma cacao*), der zur Familie der Malvengewächse gehört. Sie enthalten sowohl stimmungsaufhellende Stoffe wie Tryptophan, Phenylalanin (PEA) als auch Anandamid und Neurotransmitter wie Dopamin und Serotonin. Neben Mangan, Kupfer, Zink, Magnesium und Chrom verfügt

Kakao auch über große Mengen von organisch gebundenem und somit für unseren Organismus leicht zu verwertendem Eisen. Veganer können ihren Bedarf an Eisen also über Kakaobohnen decken. Des Weiteren enthält roher Kakao Vitamin C, Aminosäuren, essenzielle Omega-6-Fettsäuren und bis zu 200-mal mehr Antioxidantien als Rotwein. Wegen der hitzeempfindlichen Fettsäuren und der Antioxidantien sollten Sie darauf achten, Kakao in Rohkost-Qualität zu genießen. Da Kakao insgesamt fast 300 verschiedene Inhaltsstoffe aufweist, gilt er als eines der gehaltvollsten Lebensmittel überhaupt. Roher Kakao unterstützt das Herz-Kreislauf-System, schützt die Herzkranzgefäße, fördert die Durchblutung des Gehirns, schenkt Konzentration und Wachheit und kann den Heißhunger auf Süßes vertreiben. Kakao galt in früheren Jahrhunderten als Geschenk der Götter und bei den Mayas und Azteken waren Kakaobohnen so wertvoll, dass sie sogar als Zahlungsmittel dienten. Wer Kakao aus biologischem Anbau erwirbt, leistet übrigens einen aktiven Beitrag zur Entwicklungshilfe und zum Erhalt des Regenwaldes.

Kokosnuss

Das *Wasser der frischen Kokosnuss* ist bekannt für seine blutbildenden Eigenschaften, es soll Blutplasma aufbauen können. Zudem enthält es viele Aminosäuren und ist ein wunderbarer Durstlöscher. *Kokosöl* enthält mehr als 90 rohe gesättigte Fettsäuren, welche unter anderem bei der Zellbildung helfen, das Immunsystem und das Nervensystem unterstützen sowie schnell verfügbare Energie liefern. Es gilt als das gesündeste Öl der Welt. *Kokosmus* und Kokosöl regen den Stoffwechsel an und regulieren das Hormonsystem, darüber hinaus sind sie wirksame Anti-Aging-Mittel. Obwohl Kokosöl keine Omega-3-Fettsäuren enthält, hilft es dabei, diese besser aufzuschließen. Sowohl Kokosöl als auch Kokosmus sind in Rohkost-Qualität erhältlich.

Leinsamen

enthalten etwa 25 Prozent Eiweiß sowie bis zu 45 Prozent Fett: Sie sind reich an den essenziellen Omega-3-, Omega-6- und Omega-9-Fettsäuren. Weitere wichtige Inhaltsstoffe sind die Vitamine B_1, B_2, B_6 und E sowie Folsäure und Pantothensäure. Reichlich enthaltene Ballast- und Schleimstoffe, die sich in den Samenschalen befinden, wirken im Darm wie ein Quellmittel, das die Verdauung anregt. Ganze Leinsamen passieren den Magen-Darm-Trakt oft in unveränderter Form und sind daher weniger wirkungsvoll als geschrotete. Ein leistungsstarker Mixer eignet sich hervorragend, um die Samen zu zerkleinern. *Kalt gepresstes Leinöl* gibt es von verschiedenen Herstellern in sehr unterschiedlicher Qualität, was sich natürlich auch im Preis widerspiegelt. Ein hochwertiges kaltgepresstes Leinöl erkennt man am Fehlen der Bitterstoffe. Das Leinöl sollte so frisch wie möglich genossen werden und vor Sauerstoff (Oxidation) und Lichteinfluss geschützt sein. Da das Öl nach dem Öffnen schnell verbraucht werden sollte, eignen sich rohe Leinsamen zum Lagern besser.

Lucuma

ist eine subtropische goldgelbe, süßlich schmeckende Frucht, die in den Bergen Perus, Chiles und Ecuadors heimisch ist. *Pouteria lucuma* wächst auf einer Höhe von 1000 bis 2400 Metern und gehört zu den meist angebautesten Bäumen Perus. Neben ihrem leckeren Geschmack ist die Lucuma-Frucht äußerst nährstoffreich: Sie enthält viele Ballaststoffe, Vitamine und Mineralien und hat einen hohen Gehalt an Beta-Karotin, Eisen und Niacin (Vitamin B3). Die peruanische Superfrucht hat einen süßlichen Geschmack und ihr Aroma erinnert leicht an das von Ahornsirup und Cashewnüssen. Sie ist ein kulinarischer Favorit vieler Peruaner und Rohköstler weltweit und ist hauptsächlich in pulverisierter Form erhältlich.

Maca

enthält mehr als 55 sekundäre Pflanzenstoffe. Die Maca-Pflanze (*Lepidium peruvianum Chacon*), die zur Familie der Kreuzblütengewächse gehört, wird seit mehr als 2000 Jahren in den Höhenlagen der peruanischen Anden angebaut. Sie ist reich an Eisen, Kalium, Kalzium und anderen Mineralien. Außerdem enthält ihre Knollenwurzel viele Aminosäuren und Fettsäuren, Vitamin C, E und wertvolle B-Vitamine (auch Spuren von Vitamin B_{12}). Die verschiedenen Wirkstoffe in Maca wirken unter anderem stimmungsaufhellend, machen stressresistenter und erhöhen die Leistungsfähigkeit des Körpers, des Gehirns und des Nervensystems. Die Wurzel soll darüber hinaus krebshemmende Eigenschaften besitzen, stärkt den Blutkreislauf und fördert Potenz und Fruchtbarkeit.

Makao-Trinkmischung

von Kirstin Knufmann (*www.pureraw.de*) ist eine ausgewogene Kombination aus stär-

Maca-Wurzel hilft, körperliche wie psychische Folgen von Belastung zu reduzieren.

kenden, anregenden und ausgleichenden Superfoods. „Makao" besteht aus rohem Kakao-Pulver, Maca, Lucuma, Carob, Shilajit, Vanille-Pulver und Kristallsalz. Ganz bewusst wurde die Mischung nicht gesüßt, sodass Sie selbst bestimmen können, ob und wie viel Sie süßen möchten.

Phytoplankton

gibt es in schätzungsweise 40.000 verschiedenen Sorten in den Weltmeeren und nur wenige Dutzend davon sind für den Menschen essbar. Marines Phytoplankton enthält unter anderem Omega-3-Fettsäuren (inklusive DHA und EPA), über 60 Prozent pflanzliches Protein (!) und eine Fülle an Antioxidantien, Chlorophyll, Vitaminen, Spurenelementen und Mineralien.

Tipp: Da Mikroalgen stark entgiftungsanregend wirken, empfiehlt es sich, tagsüber viel Wasser zu trinken, um die gelösten Giftstoffe auszuschwemmen. Siehe auch unter „Mikroalgen – Superfoods der Spitzenklasse" (Seite 53 ff.).

Shilajit

ist ein komplexes Naturprodukt, welchem eine reinigende, verjüngende und besonders das Knochengewebe stärkende Wirkung nachgesagt wird. Außerdem unterstützt es dabei, Fettgewebe abzubauen. Shilajit weist ein ungewöhnliches Spektrum von 85 Mineralstoffen, Spurenelementen und wertvollen Huminsäuren auf. Es stammt aus dem Himalaja und ist das wichtigste natürliche Heilmittel der ayurvedischen Medizin. Shilajit entsteht durch Sonneneinstrahlung auf das ausgetretene Erdharz auf eisenerzhaltigem Gestein. In einem mehrwöchigen natürlichen Prozess wird es gereinigt. Während des Trocknens in der Sonne wird die Substanz hart und fest. Shilajit ist bei uns in pulverisierter Form erhältlich.

Spirulina

enthält bis zu 70 Prozent pflanzliches Eiweiß (!) mit 18 verschiedenen Aminosäuren, zu denen alle 8 essenziellen Aminosäuren gehören (das ist der höchste Gehalt an Eiweiß, der je in einem pflanzlichen Nahrungsmittel gefunden wurde). Außerdem verfügt diese Mikroalge über eine Fülle an Antioxidantien, Phytonährstoffen, Chlorophyll, Enzymen, essenziellen Fettsäuren wie Omega-3- und Omega-6-Fettsäuren, wobei Letztere überwiegen. Spirulina ist reich an Vitamin A (Beta-Karotin), Vitamin B_1, B_2, B_6, E, K und enthält neben anderen Mineralien so viel Eisen wie rotes Fleisch. Außerdem ist in Spirulina das gesundheitsfördernde blaue Pigment Phycocian zu finden. Die Alge hat stark entgiftende Eigenschaften und sollte zu Beginn sehr vorsichtig dosiert werden, mit langsamer Steigerung der Einnahme. Die Süßwasser-Alge wurde in den 1950er Jahren an der gleichen Stelle wiederentdeckt, wo sie auch ihren Ursprung haben soll. Heute werden diese nährstoffreichen Algen auf der ganzen Welt verwendet. Spirulina hat einen starken Algengeschmack und sollte zu Beginn vorsichtig dosiert werden. In Kombination mit rohem Kakao und Honig entsteht ein neuer Geschmack, der den Algengeschmack in den Hintergrund treten lässt.

Tipp: Da Mikroalgen stark entgiftungsanregend wirken, empfiehlt es sich, tagsüber viel Wasser zu trinken, um die gelösten Giftstoffe auszuschwemmen. Siehe auch unter „Mikroalgen – Superfoods der Spitzenklasse“ (Seite 53 ff.).

Wildkräuter – die grünen Superfoods direkt aus der Natur

Frische grüne Smoothies und Getreidegrassäfte sind äußerst reich an Chlorophyll, das den Pflanzen ihre grüne Farbe gibt. Chlorophyll ist eigentlich kondensierte Sonnenenergie. Grüne Pflanzen speichern die Energie des Sonnenlichtes in Form von Mehrfachzuckern in ihren Zellen. Wer Fleisch oder Milch auf seinem Speiseplan stehen hat, nutzt diese Sonnenenergie sozusagen nur bruchstückhaft und quasi aus zweiter Hand – nachdem ein Tier sie in Milch oder Fleisch umgewandelt hat. In Wildkräutern, Getreidegräsern, Sprossen und den grünen Blättern des Gemüses nehmen wir konzentrierte Sonnenkraft aus erster Hand zu uns. Aber schauen wir uns einmal an, was die grüne Sonnenenergie in unserem Körper leistet: Chlorophyll

- entgiftet den Körper,
- hat antibakterielle Eigenschaften,
- wirkt blutbildend, blutreinigend und entzündungshemmend,
- transportiert Sauerstoff in den Körper,
- wirkt Blutdruck regulierend,
- hilft beim Zellaufbau,
- neutralisiert das Säure-Basen-Verhältnis,
- regelt und fördert die Verdauung,
- erhöht die geistige Fitness,
- schärft die Konzentration und
- stärkt die Leber.

Je mehr Pflanzengrün wir zu uns nehmen, desto mehr Sauerstoff wird in unsere Körperzellen transportiert, wodurch unser Stoffwechsel deutlich gestärkt wird. Aus diesem Grund sollten wir so viel grüne Pflanzen wie möglich auf unserem Speiseplan stehen haben.

Grünpflanzen wie Karottengrün, Mangoldblätter, Rote-Beete-Blätter, Blattsalat, Feldsalat, Kohlrabiblätter, Spinat, Basilikum, Pfefferminze, Zitronenmelisse, Petersilie, Brokkolispitzen, Rosenkohlblätter und viele mehr finden Sie frisch und auch in Bio-Qualität auf Wochenmärkten, in Bio-Hofläden, Reformhäusern, Bioläden und zuweilen auch in der Bio-Ecke Ihres Supermarkts.

Grüne Superfood-Smoothies

Bei diesen vitalstoffreichen Smoothies gilt das Grundprinzip: 50 Prozent Grünpflanzen und 50 Prozent Früchte plus Wasser! Geben Sie alle Zutaten in den Mixer und pürieren Sie sie auf höchster Stufe so lange, bis der Drink cremig ist. Sie können verschiedene Grünpflanzen und Früchte miteinander kombinieren. Bleiben Sie fantasievoll und kreativ!

Wildkräuter sind Superfoods, die die Natur uns kostenlos zur Verfügung stellt. Heimische Wildkräuter sind von Hand gepflückte wild wachsende Grünpflanzen. Sie haben eine höhere Bioverfügbarkeit und einen höheren Vitalstoffgehalt als angebaute Pflanzen. Wobei ich auch den biologischen Anbau in diesem Falle zur „kommerziellen Produktion" zähle, da Wildkräuter nämlich im Gegensatz zu ihren gezüchteten Verwandten in Feld und Garten von der „Pflege" der Landwirte und Gärtner „verschont" bleiben. Obwohl im Bio-Anbau auf den Einsatz von chemischen Pestiziden und Herbiziden verzichtet wird, werden die Pflanzen dennoch ständig gerupft, gezupft, gejätet und gespritzt. Um auch ohne Wachstumshilfen in der deutschen „Wildnis" überleben zu können, müssen die sogenannten *Unkräuter* einige sehr wirksame Überlebensmechanismen entwickeln, die uns bei ihrem Verzehr dann später zugutekommen.

„So haben zum Beispiel die meisten dieser Pflanzen unglaublich lange Wurzeln ausgebildet, um auch ohne künstliche Bewässerung nicht zu vertrocknen. Die Wurzeln der Luzerne (Alfalfa) können eine Länge von 4,5 Metern und mehr erreichen, mit denen sie in die fruchtbarsten Bodenschichten vordringt. Als Folge solcher Anpassungsmechanismen weisen

sämtliche Wildpflanzen einen höheren Nährstoffgehalt auf als ihre kommerziell erzeugten Gegenstücke."

Sergei Boutenko[6]

Die Lebendigkeit der sich selbst überlassenen Natur besteht darin, dass die wilden Pflanzen nicht gezüchtet oder anderweitig manipuliert sind. Jede Pflanze sucht sich ihren eigenen Standort und ist geprägt durch die Synergie mit den vielen verschiedenen Pflanzenarten der Nachbarschaft.

„Um nur ein Beispiel von Synergie der wilden Natur zu nennen: Der amerikanische Forscher Dan Carlson konnte 1960 nachweisen, dass der morgendliche Gesang von Vögeln durch bestimmte Schlüsselfrequenzen die bioelektrische Energie von Pflanzenzellen aktiviert. Nun ist die bioelektrische Energie der Zelle, die sich im Spannungspotenzial der Membran messen lässt, ganz wesentlich für die Vitalität der Zelle. Ab 200 Millivolt sind unsere Zellen immun gegen Viren und Toxine."

Christian Dittrich-Opitz[7]

Wildkräuter können Sie entweder selbst sammeln oder aber (auf dem Wochenmarkt) einkaufen. Beim Pflücken sollten Sie stark von Umweltverschmutzung belastete Regionen meiden. Natürlich ist es schön und gut, wenn Sie im eigenen Garten frische Wildkräuter ernten können. Generell gilt allerdings: Finger weg von Kräutern, die neben Industrieanlagen und Atomkraftwerken wachsen, da Grundwasser, Regen und Luft möglicherweise kontaminiert sind. Gedüngte Wiesen sind ebenfalls ungeeignet für Ihre Ernte: Sie erkennen sie daran, dass dort enorm viel Löwenzahn wächst, der die Verschmutzung des Bodens ausgleicht und nicht zum Verzehr geeignet ist. In städtischen Parkanlagen empfiehlt es sich ebenso wenig, Wildkräuter zu pflücken, da dort viele Hunde unterwegs sind … Suchen Sie bevorzugt Plätze auf, die von Menschen und Hunden wenig besucht werden. Bestenfalls liegen sie 20 bis 50 Meter von Fußwegen, mindestens 100 Meter von geteerten Straßen und mindestens 300 Meter von Autobahnen entfernt. Am leichtesten lernen Sie, essbare von nicht essbaren Wildpflanzen zu unterscheiden, wenn Sie in Ihrer Region an einer Wildkräuter-Wanderung unter sachkundiger Anleitung teilnehmen. Dort lernen Sie, zum Verzehr geeignete Pflanzen durch Anfassen, Riechen und Schmecken zu erkennen und zu unterscheiden.

Neben diesem rein praktischen Zugang ist eine theoretische Herangehensweise ebenfalls ratsam – kaufen Sie sich also ein Buch. Beides, Wildkräuterführung und ein vertiefendes Nachschlagewerk, sind die perfekten Voraussetzungen, um in die wunderbare Welt der Wildkräuter einzutauchen (siehe auch unter „Literaturempfehlungen" im Anhang dieses Buches, Seite 176 ff.).

Somit soll dieses Kapitel lediglich als kleine Einführung in die Welt der Wildkräuter dienen. Die nachfolgenden Pflanzen sind die Wildkräuter, die ich am liebsten und am häufigsten in meinen grünen Smoothies verwende:

Brennnesseln

schmecken mineralisch-herb und passen toll in süße Smoothies. Sie entwässern den Körper, regen den Stoffwechsel an, wirken entzündungshemmend, nähren das Blut und stärken die Knochen. Sie enthalten viele Enzyme, Zink und Eisen, Mineralien und wertvolles Chlorophyll. Brennnesseln (*Urtica*) wirken reinigend und befreien den Körper von überschüssiger Harnsäure. Sie regen die Entgiftung des Körpers an, wirken aber niemals vergiftend, da sie keinerlei Schadstoffe speichern. Geben Sie daher zu Anfang bitte nur geringe Mengen dieser Pflanzen in Ihren Smoothie und steigern Sie die Menge dann langsam.

Es gibt zwei Sorten von Brennnesseln: eine Große Brennnessel (*Urtica dioica*), die bis zu 1 Meter hoch wächst, und eine Kleine Brennnessel (*Urtica urens*), die nur 20 bis 30 Zentimeter groß wird. Beim Pflücken mit bloßer Hand gibt es zwar Tricks, die Ihnen helfen, sich nicht zu verbrennen, aber am sichersten ist es in jedem Fall, einfach mit Handschuhen zu pflücken. Auch wenn die Brennhaare bei Berührung mit der Haut reagieren, sind sie harmlos für den Verzehr, nachdem die Pflanze im Mixer püriert wurde. Brennnesseln wachsen von Frühjahr bis Herbst.

Giersch

schmeckt ein wenig nach Petersilie und hat einen würzig-aromatischen Duft, aber einen milden, sehr angenehmen Geschmack. *Aegopodium podagraria* enthält viele wertvolle Vitalstoffe und viel Chlorophyll. Die Pflanze wächst von Frühjahr bis Herbst und kann in größeren Mengen verwendet werden.

Löwenzahn

schmeckt würzig-herb und enthält gesunde Bitterstoffe, Vitalstoffe und Chlorophyll. Je größer und älter die Blätter, desto mehr Bitterstoffe sind enthalten. Zu viel Löwenzahn

(*Taraxacum*) im Smoothie übertönt den gesamten Geschmack. Obwohl die Wurzeln des Löwenzahns essbar sind, empfehle ich, nur die grünen Blätter zu verwenden. Genießen Sie diese in Maßen. Löwenzahn hat eine lange Wachstumsperiode und wächst ebenfalls von Frühjahr bis Herbst.

Sauerampfer
schmeckt säuerlich-erfrischend und ist äußerst vitalstoffreich, so enthält er etwa besonders viel Vitamin C und Chlorophyll, aber auch Oxalsäure, weshalb Sie nicht zu viel auf einmal davon essen sollten. In Maßen genossen, ist Sauerampfer (*Rumex acetosa*) ein Superfood. Die Toleranzgrenze pro Tag liegt bei 50 Gramm, wobei ein Sauerampferblatt etwa 5 Gramm wiegt. Sauerampfer schmeckt besonders gut im Smoothie, wenn Sie viele verschiedene Früchte verwenden. Er sollte in jedem Frühjahr ein Teil Ihrer persönlichen Frischzellenkur sein.

Auf Wiesen, aber auch an Wegrändern ist Sauerampfer häufig zu finden.

Mikroalgen – Superfoods der Spitzenklasse

Die Bedeutung der Mikroalgen spielt im Kontext von Superfoods eine so wichtige Rolle, dass ich an dieser Stelle die Unterschiede zwischen den verschiedenen Mikroalgen deutlich aufzeigen möchte. Unter dem Begriff „Algen" wird eine Gruppe recht unterschiedlicher Organismen zusammengefasst, die Fotosynthese betreiben und „irgendetwas" mit Wasser zu tun haben. Zu dieser Gruppe gehören sowohl Bakterien, die Fotosynthese betreiben (Cyanobakterien, also Blaualgen, wie beispielsweise Spirulina), als auch echte Pflanzen (wie Chlorella oder Laminaria). Die sogenannten Mikroalgen sind mikroskopisch kleine Algen, ganz im Gegensatz zu den Makroalgen (Kelp, Dulse, Nori etc.), die wir mit dem bloßen Auge erkennen können.

Die **Fotosynthese** wurde schon vor 3,5 Milliarden Jahren von den ersten Algen „erfunden". Man schätzt, dass die Hälfte des Sauerstoffs unserer Atmosphäre auf die Fotosyntheseaktivität von Algen zurückzuführen ist! Andere Stimmen sagen, dass der Sauerstoff in der Atmosphäre sogar bis zu 90 Prozent auf Algen zurückzuführen sei und sie somit mehr Sauerstoff produzierten als die gesamten Wälder unserer Erde zusammen.

Wir kennen ungefähr 40.000 Algenarten, die in den Meeren, in Seen, Flüssen und anderen Gewässern beheimatet sind. Wissenschaftler vermuten, dass es noch 10-mal mehr Algen auf der Erde gibt. Nur ein paar Dutzend von ihnen werden bislang vom Menschen als Nahrung genutzt. Wir stehen damit sicherlich erst am Anfang, wenn es darum geht, dieses riesige Potenzial auszuschöpfen.

Schon die Azteken ernteten vor über 400 Jahren mit feinen Netzen eine blaue Mikroalge (Spirulina) aus dem See Texcoco, um sie zu essen. Auch am Tschad-See in Afrika gibt es eine lange Tradition, natürliche Algenblüten (Spirulina, hier: Dihé) zu ernten, in der Sonne zu trocknen und als Nahrungsmittel zu verarbeiten. Dihé ist reich an Protein, Eisen und Betacarotin. Sein Anbau soll, durch EU und FAO unterstützt, nun sogar ausgeweitet werden, um Mangelernährung vorzubeugen und Einkommen für die lokale Bevölkerung zu gewährleisten.

Bereits in den 1950er Jahren begann man sich mit der Thematik „Mikroalgen und Ernährung" zu befassen. Damals stellte sich die Frage, wie man die wachsende Weltbevölkerung mit ausreichend Protein versorgen könnte. Und die Antwort war: mit Mikroalgen. Sie enthalten etwa 50 Prozent Protein, und sie können in Gegenden angebaut werden, in denen normale Landwirtschaft nicht möglich ist.

Der Biologe und Algenexperte Dr. Jörg Ullmann schreibt zu diesem Thema:

„Heute werden Mikroalgen weltweit in Seen, Beton-(Folie-)becken, Glasröhrensystemen oder Fermentern angebaut. Sie werden zum Beispiel als pflanzliche Quelle für mehrfach ungesättigte Fettsäuren, Pigmente (Chlorophyll, Phytocyanin, Lutein, Astaxanthin, Betacarotin und anderes), Vitamin B_{12} und pharmakologisch interessante Inhaltsstoffe genutzt, als Lebensmittel beziehungsweise Nahrungsergänzungsmittel eingesetzt und in Aquakulturen verfüttert. Große Forschungsprojekte versuchen derzeit, die Biodiversität der Mikroalgen zu ergründen und deren Potenzial weiter auszuloten."[8]

Im Nachfolgenden führt uns Dr. Ullmann ein in die Welt der derzeit beliebtesten Mikroalgen[9]: Spirulina, Chlorella, AFA, Haematococcus, Odontella und Nannochloropsis. (Letztere ist auch bekannt unter dem Namen Meeres-Phytoplankton, in diesem Buch bezeichne ich es lediglich als Phytoplankton.)

AFA (Blaualge)

Aussehen: koloniebildende, filamentöse Blaualge
Anbau: Ernte sogenannter „Algenblüten" (Massenauftreten von verschiedenen Algen oder Cyanobakterien) aus dem Klamath-See in Oregon, USA
Inhaltsstoffe (Auswahl): ähnlich wie bei Spirulina (siehe Seite 56)
Potenzielle Wirkung (Auswahl): In der Literatur werden Entzündungshemmung, Förderung der Verdauung, Immunstimulation und die generelle Verbesserung des Wohlbefindens beschrieben.[10]

Achtung: Die im Klamath-See geernteten Algenblüten bestehen aus mehreren Algenarten. Fast immer sind darunter auch toxinbildende Blaualgen zu finden! Die neueste Untersuchung zeigte wieder, dass alle untersuchten AFA-Produkte in Deutschland mit dem Blaualgentoxin von Microcystin kontaminiert waren![11]

Microcystine sind hepatotoxisch und führen zur Schädigung der Leber, auch wenn diese Toxine in sublethalen Dosen aufgenommen werden. Die Leberschädigung muss nicht sofort, sondern kann erst viele Jahre später auftreten! Sofern AFA-Algen also nicht ohne Microcystine außerhalb des Klamath-Sees in Oregon angebaut werden, sind sie nicht zu empfehlen. Da die meisten uns bekannten AFA-Algen allerdings an diesem Ort geerntet werden und wir davon ausgehen können, dass bereits winzige Spuren von Microcystinen auf Dauer gesundheitsschädigend sein können, *raten wir vom Verzehr von AFA-Algen ab!*[12]

Chlorella (Grünalge)

Aussehen: grüne, meist kugelige Alge

Anbau: vor allem in Asia-Pazifik-Region und in Deutschland in Fermentern, offenen Beton- oder Folienbecken oder Röhrensystemen (Fotobioreaktoren, PBRs)

Inhaltsstoffe (Auswahl): etwa 50 Prozent Protein, 3 bis 5 Prozent Chlorophyll (ist die chlorophyllreichste Pflanze, die wir kennen), Lutein, Vitamin B_{12} (die Pflanze mit dem höchsten Anteil von Vitamin B_{12}, die wir kennen)[13], ß-1,3-Glucan (aktiver Immunstimulator, Radikalfänger, senkt Lipidspiegel im Blut)

Potenzielle Wirkung (Auswahl): Entgiftung, Immunstimulation, senkt Infektionsanfälligkeit, verbessert die Wundheilung, reduziert Folgen stressbedingter Stoffwechselstörungen (zum Beispiel positiver Einfluss auf Blutzucker- und Cholesterinspiegel, Blutdrucksenkung …), positiver Effekt auf die Darmflora

Chlorella dient seit langer Zeit als sogenannter Modellorganismus in der Biologie. (So wurde beispielsweise der Mechanismus der Fotosynthese an Chlorella untersucht.) Chlorella ist daher eine der am besten untersuchten Pflanzen der Welt.

Die Qualität der Produkte schwankt stark. Es treten zum Beispiel Vorbelastungen mit Schwermetallen auf (vor allem bei Produktion in offenen Systemen). Die Produktdaten sollten zudem anzeigen, dass auf Rückstände von Pestiziden etc. und auf Phaeophorbide (Abbauprodukt des Chlorophylls bei unsachgemäßer Ernte) getestet wurde, was eine Hauterkrankung (Fotodermatitis) induziert.

Spirulina (Blaualge)

Aussehen: spiralig-gewundener Körper, mehrere Millimeter lang, kann variieren
Anbau: weltweit (vor allem Asien-Pazifik-Region, USA), meist offene Becken (Raceway-Ponds)
Inhaltsstoffe (Auswahl): Protein, teilweise weit über 50 Prozent, Phycobiliproteine (zum Beispiel Phycocyanin), bis zu 17 Prozent Gamma-Linolensäure (GLA, eine Omega-6-Fettsäure), Vitamin B_{12} (*Vorsicht*: Studien zeigen, dass es sich wahrscheinlich um ein inaktives Pseudocobalamin handelt!)
Potenzielle Wirkung (Auswahl): Reduktion von Cholesterol, Reduktion der Nierentoxizität von Schwermetallen und Medikamenten, antivirale Aktivität (hemmt Virusreplikation), gesteigerte Immunabwehr, positiver Effekt auf die Darmflora, potenzieller Schutz vor Herz-Kreislauf-Erkrankungen.

Spirulina war die erste Blaualge, die bereits in den 1970er Jahren kommerziell angebaut wurde. Heute wird sie weltweit in warmen Gefilden kultiviert. Die Biomasse wird als Pulver oder Tabletten verkauft, Lebensmitteln zugesetzt und in Kosmetika verarbei-

Schon die Azteken schätzten Spirulina und banden diese in ihre Ernährung ein.

tet. Pigmente kommen als Farbstoff in der Lebensmittelindustrie zum Einsatz. Da diese Mikroalge vergleichsweise einfach anzubauen ist, gibt es diverse Projekte, in denen kleine Spirulina-Farmen aufgebaut werden, um Mangelernährung lokal zu bekämpfen. Die Qualität der angebotenen Produkte schwankt stark. Wichtige Qualitätsparameter, die untersucht sein sollten, sind: Schwermetallgehalt, Mikrobiologie, Blaualgentoxine (Microcystin). Vorsicht ist bei stark „fischig" riechenden Produkten geboten, denn das ist ein Hinweis auf den Abbau von Proteinen!

Tipp:

Spirulina lässt sich sehr gut mit rohem Kakao, Honig und Cayennepfeffer kombinieren. Sie können aus dieser Kombination Superfood-Smoothies mixen, aber auch rohe Schokolade herstellen.

Weitere Mikroalgen

Haematococcus

ist eine Grünalge (aus Becken oder Fotobioreaktoren), die in der Lage ist, das Pigment Astaxanthin zu speichern. Dieses wird extrahiert, stabilisiert und in verschiedenen Formen verkauft. Astaxanthin wird beispielsweise als Pigment in der Fischfütterung (rote Farbe von Lachsfleisch) eingesetzt. Astaxanthin zeigt in Studien eine ganze Reihe an positiven Wirkungen auf die Gesundheit des Menschen.

Odontella aurita

ist eine Kieselalge mit hohem Gehalt an mehrfach ungesättigten Fettsäuren. (Noch) kaum erhältlich.

Nannochloropsis gaditana

ist eine marine Mikroalge mit sehr hohem Gehalt an der Omega-3-Fettsäure EPA (Eicosapentaensäure). Wird in Becken und Fotobioreaktoren hauptsächlich für die Fütterung von Fischlarven in Aquakulturen angebaut. In der EU gilt diese Alge als „Novel Food" und darf (noch) nicht verkauft werden. Die Zulassung wurde im Juli 2011 beantragt. Unabhängig davon konnte bereits festgestellt werden, dass *Nannochloropsis* einen hohen Gehalt an Mineralien und mehrfach ungesättigten Fettsäuren aufzuweisen hat, der erheblich höher sein kann als der von Chlorella und Spirulina.[14]

Tipp: Sofern Sie für Ihre Superfood-Smoothie-Rezepte „Phytoplankton" verwenden wollen, aber unter gegebenen Umständen (noch) nicht können, ersetzen Sie es durch die doppelte Menge Chlorella oder Spirulina.

Wichtige Hinweise

Alle Mikroalgen sollten kühl, trocken und lichtgeschützt aufbewahrt werden.
Erhöhte Jodgehalte treten, wie manchmal fälschlicherweise behauptet wird, bei diesen Mikroalgen nicht auf, sondern können nur bei marinen Makroalgen problematisch hoch sein.

Die Nährstoffe in den Superfoods

Im Nachfolgenden gebe ich Ihnen einen Überblick über eine Auswahl der wichtigsten in den Superfoods enthaltenen Nährstoffe und zeige auf, in welchen Superfoods diese zu finden sind.

Betacarotin

ist unter anderem in Maca, Gojibeeren, Spirulina und Blütenpollen zu finden.

Eisen

ist unter anderem in Roter Bete und in deren Blättern, in Brennnesseln, Maca, Acai, Phytoplankton, Spirulina, Chlorella, Blütenpollen, Gojibeeren, Kakaobohnen und in rohem Kokosnussfleisch zu finden. Kaffee, schwarzer Tee und grüner Tee können die Aufnahme von Eisen hemmen.

Eiweiß, pflanzliches

ist in Grünpflanzen, Sprossengrün, Wildkräutern, Mandeln, Hanfsamen, Gojibeeren, Maca, Spirulina, Chlorella, Phytoplankton, Kakaobohnen, *Aloe vera*, Blütenpollen und Kokosnusswasser zu finden.

Kakao in Rohkostqualität hat einen wundervoll intensiven Geschmack und enthält reichlich wertvolle Vitalstoffe und Antioxidantien.

Folsäure

auch „Vitamin B_9“ genannt, ist unter anderem in Blütenpollen, Spirulina, Phytoplankton, *Aloe vera* und Kokosnussfleisch enthalten.

Jod

ist in jeder Alge enthalten, wobei größere Mengen an Jod vor allem in maritimen Makroalgen wie Kelp, Dulse und Nori vorliegen. Phytoplankton (*Nannochloropsis*) ist eine Salzwasseralge und enthält etwa 1,6 Milligramm Jod pro 100 Gramm. Mikroalgen hingegen haben einen sehr geringen Jodanteil, da sie im Süßwasser wachsen, das nicht so jodhaltig ist wie Meerwasser. Spirulina ist eine Süßwasseralge und weist daher nur geringe Jodwerte auf, die zwischen 0,01 Milligramm und 0,5 Milligramm pro 100 Gramm liegen können, abhängig vom Wasser, in dem sie wachsen. Maca enthält ebenfalls Spuren von Jod.

Kalzium

das in Pflanzen enthalten ist, kann im Gegensatz zum Kalzium aus Kuhmilch tatsächlich vom menschlichen Körper aufgenommen werden. Es kommt ist in hohem Maß in Pflanzengrün, zum Beispiel in Mangold, Petersilie und Wildkräutern, sowie in Maca, Camu Camu, Blütenpollen, Gojibeeren, Spirulina, Phytoplankton, *Aloe vera*, Hanfsamen, Chiasamen (sie enthalten 50-mal mehr Kalzium als Milch!) und in Kakaobohnen vor.

Vitamin B_{12}

ist unter anderem in Blütenpollen und in Mikroalgen wie Spirulina enthalten. Ob es vom Körper verwertet wird oder nicht, das ist bislang unklar.

Vitamin-B-Komplex

ist in Maca, Gojibeeren, Acai und Lucuma zu finden. Gojibeeren, Blütenpollen, Spirulina und Phytoplankton sind besonders reich an Vitamin B_2.

Vitamin C

ist unter anderem in Petersilie, Gojibeeren, Blütenpollen, Kakaobohnen, Camu Camu, Acerola, Acai, Kokosnusswasser und Kokosnussfleisch enthalten. Es unterstützt die Aufnahme von Eisen.

Vitamin D

wird hauptsächlich durch Eigensynthese vom Körper hergestellt (Sonnenlicht). Es ist außerdem in Blütenpollen enthalten. Man kann es aber auch als Nahrungsergänzung zu sich nehmen. Bitte informieren Sie sich bei Ihrem Heilpraktiker und/oder Hausarzt, ob eine künstliche Zufuhr von Vitamin D für Sie empfehlenswert und ungefährlich ist.

Zink

ist unter anderem in allen Mikroalgen, in Phytoplankton, Spirulina, Blütenpollen, Maca, Gojibeeren, *Aloe vera* und in Kokosnussfleisch enthalten.

Wie versorge ich meinen Körper ausreichend mit Vitamin B_{12}?

Der menschliche Körper kann Vitamin B_{12} nicht selbst produzieren und ist daher auf die Zufuhr von Vitamin B_{12} über die Nahrung angewiesen. Zur Synthese dieses Vitamins sind nur bestimmte Mikroorganismen fähig. Solche Bakterien liegen zwar in unserer Darmflora vor, das auf diese Weise produzierte Vitamin B_{12} kann der Mensch jedoch nur unzureichend nutzen und es reicht zur Deckung des täglichen Bedarfs nicht aus. Zum Transport und zur Speicherung des Vitamins sind bestimmte Vitamin B_{12} bindende Proteine erforderlich.

Vitamin B_{12} wird sehr lange in der Leber gespeichert. Daher treten Symptome des Vitamin-B_{12}-Mangels meist erst mehrere Jahre später auf. Die größte Risikogruppe des Mangels sind die Veganer, da sie auf alle tierischen Produkte verzichten. Vitamin B_{12} wird, wie schon erwähnt, nur von tierischen Organismen synthetisiert, wodurch dem Veganer natürlich die Quelle des lebenswichtigen Vitamins fehlt. Für Vegetarier und vor allem für Veganer sind Vitamin-B_{12}- oder Vitamin-B-Komplex-Nahrungsergänzungsmittel deshalb oft unentbehrlich.[15]

Achtung: Zucker!

Es gibt viele verschiedene Ansichten darüber, ob Zucker ungesund und welche Art von Zucker am wenigsten schädlich ist. Ich bin der Ansicht, dass zu viel Zucker – welcher Art auch immer – ungesund ist. Ein natürliches und vollwertiges „Süßungsmittel" liefert gleichzeitig auch Mineralien, wichtige Vitalstoffe und manchmal sogar die Enzyme mit, die notwendig sind, damit der Körper all das auch optimal aufnehmen kann. Wenn ein Zucker oder ein Süßungsmittel keine solchen „Verdauungshilfen" liefert (wie es beispielsweise bei raffiniertem Zucker der Fall ist), muss der Körper auf eigene Reserven zurückgreifen. Auf diese Weise entstehen Mangelzustände im Körper. Zudem besteht die Gefahr von Übersäuerung, Zuckersucht, Pilzbefall, Blutzucker-Ungleichgewicht und vielem mehr. Ein Anhaltspunkt zur Unterscheidung zwischen „gesundem" und „ungesundem" Zucker ist der glykämische Index (GI). Der GI gibt lediglich Aufschluss darüber, wie der Blutzuckerspiegel reagiert.

Was ist der glykämische Index?

Der glykämische Index (GI) klassifiziert kohlenhydrathaltige Lebensmittel nach ihrer den Blutzuckerspiegel erhöhenden Wirkung. Unterschiedliche Nahrungsmittel mit gleicher Kohlenhydratmenge führen zu einem unterschiedlich schnellen und hohen Anstieg des Blutzuckerspiegels.

Hoher glykämischer Index: Lebensmittel, die einen raschen und hohen Anstieg des Blutzuckerspiegels bewirken, haben einen GI von zwischen 70 und 100.

Mittlerer glykämischer Index: Lebensmittel mit mittlerem Blutzuckeranstieg haben einen GI, der zwischen 55 und 70 liegt.

Niedriger glykämischer Index: Lebensmittel, nach deren Verzehr der Blutzuckerspiegel nur langsam und nur wenig ansteigt, haben einen GI, der unter 55 liegt.

Alternative Süßungsmittel

Früchte liefern zusammen mit ihrem Fruchtzucker auch Vitalstoffe und Enzyme und sind somit gesündere „Süßigkeiten“ als konventionelle Schokolade und Kekse. Solange Sie süße Früchte in Ihren Smoothies verwenden, müssen Sie prinzipiell keine weiteren Süßungsmittel hinzugeben. Für alle, die gern süße Smoothies genießen, habe ich einige Alternativen zu Zucker aufgelistet. An oberster Stelle steht für mich Stevia, dicht gefolgt von Kokosblütenzucker, der einen niedrigen glykämischen Index aufweist!

Stevia

stammt ursprünglich aus Südamerika und wächst heute noch wild im Hochland zwischen Brasilien und Paraguay. Stevia rebaudiana („Süßkraut“, auch „Honigkraut“) wird seit einigen Jahren kommerziell in vielen Teilen Südamerikas angebaut. Hier nutzen die Menschen diese Pflanze seit Jahrhunderten zum Süßen, in Europa wurde sie allerdings erst vor einigen Jahrzehnten eingeführt. Sie enthält Stoffe, die 300-mal süßer sind als raffinierter Zucker. Das heißt, man benötigt nur wenige Tropfen des flüssigen Extrakts, nur wenig Pulver oder getrocknete Blätter zum Süßen. Stevia hat keinen glykämischen Index, da es keine kalorisch verwertbaren Kohlenhydrate besitzt. Es ist angeblich gesünder als Fruchtzucker und soll über antibakterielle, antivirale, antimykotische, gefäßerweiternde, wundheilende, blutzuckersenkende und die Herztätigkeit stärkende Eigenschaften verfügen. Stevia eignet sich sehr gut zum Süßen von Smoothies, ist allerdings nicht zum Backen oder anderweitigen Erhitzen zu empfehlen, da der Geschmack dann eine leicht bittere Note bekommt.

Kokosblütenzucker

ist ein vollwertiges Nahrungsmittel, das zwar erhitzt, aber nicht raffiniert oder künstlich verarbeitet ist. Aus der Kokosnussblüte wird ein süßer Saft gewonnen, der durch Erhitzen karamellisiert und anschließend zu einem Pulver kristallisiert, das dann als „Kokosblütenzucker“ bezeichnet wird. Dieser hat einen niedrigeren glykämischen Index als Agavendicksaft und gilt unter Kennern seit jeher als das „Gourmet“-Süßungsmittel. Kokosblütenzucker ist auf natürliche Weise reich an Glutamin und weiteren 15 Aminosäuren, enthält unter anderem Vitamine der B-Gruppe und Mineralien wie Kalzium, Potassium, Magnesium, Phosphor, Zink, Eisen und Mangan.

Yacon-Sirup

wird aus der süßlichen Wurzelknolle des Korbblütengewächses *Smallanthus sonchifolius* gewonnen, das in den peruanischen Anden gedeiht und dort seit Langem als Apple oft the Earth genossen wird. Der Sirup wird bei etwa 40 bis 42 °C gewonnen und hat eine dunkle Farbe. In Konsistenz und Geschmack ähnelt er Dattelmelasse oder Zuckerrübensirup, schmeckt aber leicht fruchtig und karamellartig. Yacon-Sirup enthält Kalium, Phosphor, Kalzium, Magnesium, Natrium, Eisen sowie die Vitamine B_1, B_2 und C. Weitere Inhaltsstoffe verbessern die Aufnahme von Vitaminen und Mineralien. Ähnlich wie Topinambur sind in der Wurzelknolle besonders viel Frukto-Oligosaccharide (FOS) zu finden, die eine gesunde Darmflora fördern und den Blutzuckerspiegel kaum beeinflussen. Aus diesem Grund hat der Sirup einen niedrigen glykämischen Index. Yacon-Sirup ist besonders beliebt in der Rohkostküche.

Wichtiger Hinweis

Der „Verband sozialer Wettbewerb" ist der Ansicht, Yacon-Sirup sei ein „neuartiges" Lebensmittel, das unter die sogenannte „Novel-Food-Verordnung" falle und deshalb in der EU nicht verkauft werden dürfe. Als „Novel-Food" gelten Lebensmittel, die vor dem 15. Mai 1997 nicht in nennenswertem Umfang in der EU für den menschlichen Verzehr verwendet wurden. Ich mache daher hier keinerlei Werbung für Yacon, sondern möchte lediglich Informationen über Yacon als Süßungsmittel weitergeben. Wäre der Yacon-Sirup offiziell zugelassen, würde ich ihn als eines der besten Süßungsmittel empfehlen und für viele meiner Rezepte in diesem Buch einsetzen.

Bienenhonig (roh und wild)

Ich empfehle rohen wilden Honig, der von wilden Blumen stammt und bei dessen Gewinnung die Bienen nicht mit zusätzlichem Zucker gefüttert werden. Honig hat im

Vergleich zu Kokosblütenzucker und Yacon-Sirup zwar einen etwas höheren glykämischen Index, verfügt allerdings über so viele Vitalstoffe und Phytonährstoffe – inklusive Vitamin B_9 und alle 22 Aminosäuren –, dass er in seiner Nährstoffdichte fast einem Superfood gleicht. David Wolfe ist der Ansicht, dass ungefilterter roher Honig reich an Mineralien, Antioxidantien, Probiotika und Enzymen sei.

Trockenfrüchte

haben generell einen höheren Zuckergehalt als im nicht getrockneten Zustand. Da sie einen hohen glykämischen Wert aufweisen, sind sie nicht ideal zum Süßen. Allerdings sind Bio-Trockenfrüchte (je nach Fruchtart) äußerst vitaminreich. Sie enthalten Vitamin A, B_1, B_2, B_3, B_5, B_6 und zahlreiche Mineralstoffe wie Kalzium, Eisen, Magnesium, Phosphor, Kalium, Natrium, Kupfer und Mangan.

Birkensüße

Birkensüße (auch Xylitol oder einfach nur Xylit genannt) ist kein Süßstoff, sondern ein Zuckeraustauschstoff, der als Nebenprodukt bei der Gewinnung von Birken-Zellstoff gewonnen wird. Dieses Süßungsmittel hat denselben Geschmack wie gewöhnlicher Haushaltszucker und nahezu die gleiche Süßkraft. Im Vergleich zum üblichen Haushaltszucker (Saccharose) hat es etwa 40 Prozent weniger Kalorien. Birkensüße besitzt eine kariostatische und antikariogene Wirkung und hat einen leicht kühlenden Effekt, wenn sie sich im Mund mit dem Speichel vermengt. Es wurden verschiedene Studien durchgeführt, die eine deutliche Reduktion von Karies belegen konnten. Weiterhin hindert Xylitol die Kariesbakterien auch daran, sich als Plaquebakterien an der Zahnoberfläche anzuheften. Als optimale Verzehrmenge wurden zwischen 5 und 10 Gramm pro Tag ermittelt. Darüber hinaus regt Xylitol die Speichelproduktion an und fördert in der Mundhöhle die Verbindung von Kalzium mit Speicheleiweißen, was die Remineralisierung von Zahnsubstanz unterstützt.

Agavendicksaft

Agavendicksaft, -nektar oder -sirup hat, verglichen mit Stevia, einen höheren glykämischen Index. Agavendicksaft ist zwar auch in Rohkostqualität erhältlich, ich empfehle allerdings die oben genannten Süßungsmittel, da sie im Gegensatz zum Agavendicksaft mehr Vitamine und Mineralstoffe enthalten.

Teil 3

Superfood-Smoothies mixen – jeden Tag

Rezepte für leckere und vitalstoffreiche Superfood-Smoothies

Wichtige Hinweise, bevor Sie beginnen

Die Rezepte sind, wie man so schön sagt, „nach bestem Wissen und Gewissen“ zusammengestellt. Wenn ein Rezept nicht Ihren geschmacklichen Vorstellungen oder Vorlieben entspricht, ändern sie es einfach ab. Einige Rezepte sind mit meinen favorisierten Süßungsmitteln angegeben, aber auch hier können Sie variieren und zu anderen Mitteln greifen. Wie cremig Ihr Smoothies wird, das hängt – neben der Leistungsfähigkeit Ihres Mixers – von der Menge an Flüssigkeit ab, die Sie verwenden. Probieren Sie einfach aus, was Ihnen am besten schmeckt. Ich gebe Ihnen mit meinen Rezepten zwar Impulse und Ideen, will Sie aber in erster Linie dazu inspirieren, selbst zu experimentieren und Ihre persönlichen Lieblingsrezepte zu entwickeln.

Der „Smoothieliebhaber“

Der Vielfalt der Smoothie-Zubereitung sind keine Grenzen gesetzt. Kreative Impulse entstehen fast schon automatisch und besonders der Smoothie am Morgen wird schnell zu einem Ritual der ganz besonderen Art. Je mehr Freude, desto besser. Egal ob es einfache Mixturen sind oder „mehrstöckige“ Variationen, Liebe ist und bleibt die Hauptzutat und spornt den Smootieliebhaber zu „Höchstleistungen“ an. Es ist ein Zeichen von Sympathie und Klasse, vielleicht sogar ein Liebesbeweis, solch ein exquisites Lebenselixier zu servieren! Wer zögert, nach Perfektion zu streben, darf bedenkenlos entspannen, denn auch die simplen Rezepte schmecken gut und sind für jeden Anfänger leicht zuzubereiten. Wenn Sie neue Rezepte für die Bar suchen, können Ihre Eigenkreationen den Laden zum Rocken zu bringen. Haben Sie Mut zu eigenen Kreationen. Die verschiedenen Rezepte geben Ihnen einen ersten Eindruck von den schier unendlichen Kombinationsmöglichkeiten.

Warum frisches Quellwasser?

Prinzipiell können Sie jedes beliebige Wasser nehmen, aber da es in diesem Rezeptbuch um die bestmöglichen Zutaten geht, empfehle ich frisches Quellwasser. Es gibt viele gute Wasserfilteranlagen und hochwertige in Glasflaschen abgefüllte Quellwasser. Die konventionellen stillen Wasser in Flaschen entsprechen nicht der Qualität eines echten Quellwassers, das frisch von eigener Hand abgefüllt wurde. Wenn Sie eine saubere natürliche Quelle in Ihrer Umgebung haben, ist das die beste Wahl, die Sie treffen können. „Zapfen" Sie Ihr Quellwasser selbst und bewahren Sie es in Glasflaschen auf.

Mengenangaben

1 Handvoll ist ein sehr gutes Maß, da es sich auf die Körpergröße des Menschen bezieht. Je größer der Mensch, desto größer seine Hand und desto größer die Menge, die er braucht. Viele Rezepte sind (auch aufgrund der nötigen Füllmenge im Mixer) für mehr als 1 Portion konzipiert. Bestenfalls genießen Sie den restlichen Smoothie im Laufe des Tages oder Sie teilen ihn mit Ihren Freunden. Sie können den Smoothie auch in einem Schraubglas im Kühlschrank aufbewahren oder in einer Glasflasche für unterwegs mitnehmen.

Auf Rohkostqualität achten

Bei allen Zutaten sollten Sie möglichst auf Rohkostqualität achten. Nur wenn die Lebensmittel im Herstellungsprozess nicht über 42 °C erhitzt wurden, sind alle Vitalstoffe noch erhalten und können optimal vom Körper aufgenommen und verwertet werden. Sie werden es schmecken und vor allem spüren!

Trinken Sie Ihren Smoothie nicht, essen Sie ihn!

Stürzen Sie Ihren Smoothie nicht hinunter wie ein Glas Wasser. Lassen Sie ihn sich auf der Zunge zergehen. Noch besser: Kauen Sie ihn, denn beim Einspeicheln wird vorverdaut und das macht den Smoothie noch bekömmlicher. Erinnern Sie sich an die vielen Inhaltsstoffe Ihres Power-Drinks – er ist, was den Vitalstoffgehalt anbelangt, oft vollwertigerer als eine ganze Mahlzeit. Genießen Sie Ihren Smoothie langsam und in Ruhe.

Was Sie beim Mixen beachten sollten

Starten Sie Ihren Mixer zuerst auf kleinster Stufe und pürieren Sie die Zutaten dann auf höchster Stufe so lange, bis der Smoothie eine cremige Konsistenz hat. Das geht umso schneller, je leistungsstärker Ihr Gerät ist. Achten Sie darauf, dass Sie nicht so lange mixen, bis sich der Smoothie erwärmt und wertvolle Inhaltsstoffe zerstört werden. Prüfen Sie nach dem Mixvorgang die Konsistenz und fügen Sie nach Belieben Wasser hinzu, bis der Flüssigkeitsgrad erreicht ist, den Sie mögen.

Drinks für Einsteiger

Grüne Hochzeit von Mango und Spinat

Nelly Reinle-Carayon

Superfood-Zutat: Gerstengras

Zutaten:

1 große reife Mango
2 Handvoll Spinat (125 g)
2 gestrichene EL Gerstengras-Pulver
500 ml Wasser

Ergibt ca. 1 Liter Smoothie

Zubereitung: Die Mango schälen und halbieren, den Kern entfernen und das Fruchtfleisch in Stücke schneiden. Den Spinat waschen und abtropfen lassen. Die Mangostücke und den Spinat in den Mixer geben. Gerstengras-Pulver und Wasser hinzufügen und das Ganze so lange pürieren, bis der Drink eine leckere cremige Konsistenz hat. Voilà! Einfach, gesund und lecker.

Hinweis: Wenn Sie keine frische Mango bekommen können, weichen Sie 100 Gramm getrocknete Mango mindestens 1 Stunde lang in 250 Millilitern Wasser ein. Verwenden Sie das Einweichwasser anschließend für den Smoothie.

Nelly Reinle-Carayon

Die gebürtige Süd-Französin hat vor sechs Jahren den Weg zur Rohkost gefunden. Seit 2007 betreibt sie erfolgreich ihr Unternehmen *RohKöstlich* e. K. und hat sich auf Zubereitungsseminare und Vitalkostcatering spezialisiert. Außerdem ist sie Autorin des Vitalkost-Rezeptbuches *RohKöstlich … aus Frankreich* und Veranstalterin der internationalen Vitalkostmesse *Rohvolution*. Nelly beschreibt ihren nicht immer einfachen Weg zur Rohkost wie folgt:

„Seit längerer Zeit suchte ich nach einer Möglichkeit, meinen Körper um ein paar Kilos leichter zu machen. Ich fühlte mich in meiner Haut unwohl und konnte keine Diät länger als fünf Tage durchhalten. Nachdem ich die Rohkost entdeckte, änderte sich dies schlagartig. Ich tauchte ein in eine Welt ohne Kalorien- oder Punktezählen, ohne Stress und trotzdem mit köstlichen Gerichten. Es war nach vielen Versuchen und der Suche nach dem für mich Optimalen genau das Richtige für mich. Das, was zunächst nur als Diät herhalten sollte, wurde bald zu einer neuen Lebensgewohnheit, die mich seit Ende 2003 erfolgreich begleitet.

Am 31. Dezember 2003 – während eines Silvesteressens – traf ich die Entscheidung, meine Essgewohnheiten komplett zu ändern und ganz auf Rohkost umzusteigen. Das Ausschlaggebende war ein Tisch voller Speisen, die stundenlang geschmort (tot gekocht) worden waren und die mich wie ein Schlag ins Gesicht trafen. Lediglich ein paar Tomaten und Radieschen fanden mit ihrer lebendigen roten Farbe noch meine Aufmerksamkeit.

Mit dem Jahresbeginn 2004 stellte ich meine Ernährung zu 100 Prozent auf Rohkost um. Nicht unbedingt die einfachste

Methode, aber zu diesem Zeitpunkt war es für mich genau die richtige. Ich bemerkte sofort eine Veränderung meines Energielevels und meiner Stimmung. Ich war fröhlich und ausgeglichen. Ich war endlich, nach meiner langjährigen Suche, angekommen. Ich hatte erfreulicherweise keine Entgiftungserscheinungen. Rohkost war und ist für mich „Frohkost".
Auf der Suche nach neuen Rezeptideen im Internet entdeckte ich Alissa Cohens Seite, die bald mein Leben verändern sollte. Ich kaufte sofort ihr Buch und ihre DVD Living on Live Food. Beide habe ich in kürzester Zeit „verschlungen". Vor allem die DVD war eine große Hilfe, denn ich wagte es zu dieser Zeit noch gar nicht zu experimentieren. Auf der DVD sah alles aus wie ein Kinderspiel. So fing ich an, Gourmetspeisen in meine Ernährung zu integrieren. In fünf Monaten nahm ich 11 Kilogramm ab. Und ich hatte noch nie zuvor so viel Energie, deshalb trieb ich auch intensiv Sport. Diese erste Rohkost-Erfahrung dauerte neun Monate und im zehnten Monat holte mich die Kochkost wieder ein – wenn auch in leichter Form und ohne Fleisch. Mehrere Versuche, wieder in die Rohkost einzusteigen, scheiterten, bis ich schließlich im Sommer 2006 den bis heute anhaltenden Durchbruch schaffte. Ich wollte immer mehr über Rohkost und Gesundheit erfahren und machte bei Britta Diana Petri (RainbowWay-Akademie) eine Ausbildung zur „Holistischen Ernährungs-, Gesundheits- und Lebensberaterin". Mein Glück war, dass Alissa Cohen ein Intensiv-Training zum Rohkost-Koch und Rohkost-Lehrer in Europa plante. Nichts konnte mich mehr aufhalten und ich meldete mich spontan zur Ausbildung in England an. Nach dieser Ausbildung entschied ich mich, den eingeschlagenen Pfad weiterzugehen und gründete Roh-Köstlich e. K. Trotz vieler Höhen und Tiefen gehe ich diesen Weg bis heute und freue mich, meine Mitmenschen mit meiner Liebe zur Vitalkost-Zubereitung und dem dazugehörenden Lifestyle zu inspirieren."

Blaue „Bären" im Glas

Superfood-Zutat: Chiasamen

Zutaten:
2 EL Chiasamen
100 ml Wasser
150 g gefrorene Blaubeeren
2 gestrichene TL Birkensüß
200 ml Wasser

Ergibt ca. 1 Liter Smoothie

Zubereitung: Die Chiasamen über Nacht in 100 Millilitern Wasser einweichen.
Die Blaubeeren zusammen mit den Chiasamen und dem Einweichwasser in den Mixer geben. Birkensüß und Wasser dazugeben und das Ganze so lange mixen, bis es eine leckere cremige Konsistenz hat.

Klarer Geist

Superfood-Zutat: Gerstengras

Zutaten:

2 Bananen
3 Scheiben Ananas, geschält
3 TL Gerstengras-Pulver
250 ml Pfirsichsaft, frisch gepresst

Ergibt ca. 1 ½ Liter Smoothie

Zubereitung: Die Bananen schälen und in Stücke schneiden. Früchte in den Mixer geben. Gerstengras-Pulver und Pfirsichsaft hinzufügen. Starten Sie Ihren Mixer zuerst auf kleinster Stufe und pürieren Sie die Zutaten dann auf höchster Stufe so lange, bis der Smoothie eine cremige Konsistenz hat.

Variation in Grün: Geben Sie 100 Gramm frischen Feldsalat dazu.
Tipp: Genießen Sie mehrmals am Tag 1 Glas von diesem Smoothie. Füllen Sie die 1 ½ Liter einfach in eine gut verschließbare Flasche aus Glas ab und genießen Sie den Drink immer dann, wenn Sie geistige Energie und Klarheit brauchen.

Grüne Smoothies

Grüne Wildkräuter-Smoothies katapultieren Sie in eine neue Dimension körperlicher, emotionaler und geistiger Fitness. Sie sind der ultimative Gesundheitskick!

Wilde bitter-süße Symphonie

Superfood-Zutaten: Giersch, Chlorella

Zutaten:
1 Banane
1 Orange
½ grüne Paprika
½ Avocado
Saft von ½ Zitrone
2 TL Birkensüß
1 Prise Kristallsalz
2 Handvoll Giersch
1 TL Chlorella-Pulver
500 ml Wasser

Ergibt ca. 1 ½ Liter Smoothie

Zubereitung: Die Banane und die Orange schälen und in Stücke schneiden. Die grüne Paprika waschen, die Hälfte der Frucht ebenfalls in Stücke schneiden. Entfernen Sie nur den Stiel, da Sie die Samen mit verwenden können. Die Avocado halbieren, den Kern herausnehmen und das Fruchtfleisch einer Hälfte mit einem Löffel aus der Schale heben. Banane, Orange, Paprika, Avocado und Zitronensaft in den Mixer geben. Fügen Sie Giersch, Chlorella, Birkensüß und das Salz zusammen mit 500 Milliliter Wasser hinzu und pürieren sie alle Zutaten so lange, bis keine Stücke mehr zu sehen sind.

Hinweis: Geben Sie mehr Birkensüß hinzu, wenn Sie den Drink süßer haben möchten.

Tipp: Den Giersch am besten frisch (im eigenen Garten) pflücken. Ich empfehle die jungen Pflanzen, da sie ein sehr mildes Aroma haben. Die großen, dunkelgrünen Pflanzen schmecken herber.

Grüner Inkognito

Superfood-Zutat: Camu Camu

Zutaten:
1 Banane
1 Apfel
2 Handvoll Rote-Bete-Blätter
1 kleines Stück frischer Ingwer
30 g getrocknete Cranberries
1 gestrichener TL Camu-Camu-Pulver
5 Tropfen Stevia
250 ml Wasser

Ergibt ca. 1 Liter Smoothie

Zubereitung: Die Banane schälen und in Stücke schneiden. Den Apfel waschen, das Kerngehäuse entfernen und die Frucht vierteln. Die Blätter der Roten Bete waschen und grob schneiden. Den Ingwer nicht schälen. Bananen- und Apfelstücke in den Mixer geben und die Rote-Beete-Blätter sowie den Ingwer und die Cranberries hinzufügen. Camu-Camu-Pulver, Stevia und Wasser ebenfalls in den Behälter füllen und das Ganze so lange pürieren, bis es eine leckere cremige Konsistenz hat.

Tahini ai Bambini

Superfood-Zutat: Spirulina

Zutaten:

1 süßer Apfel
2 reife Kiwis
Saft von ½ Zitrone
5 große Mangoldblätter
1 gestrichener TL Spirulina
2 EL ungesalzenes Tahini
5 kleine entsteinte Datteln
500 ml Wasser

Ergibt ca. 1 Liter Smoothie

Zubereitung: Den Apfel waschen und vierteln. Stiel und Kerngehäuse dabei entfernen. Die Kiwis schälen und halbieren. Die Mangoldblätter waschen und den Stiel entfernen. Apfel, Kiwis und Mangoldblätter in den Mixer geben. Nun Zitronensaft, Spirulina, Tahini, Datteln und Wasser hinzufügen. Die Zutaten so lange pürieren, bis der Drink eine leckere cremige Konsistenz hat.

Hinweis: Statt des Tahini können Sie auch 4 Esslöffel frische Sesamsaat in den Smoothie geben.

Tipp: Wenn Sie einen leistungsstarken Mixer haben, können Sie den Apfel mit Kerngehäuse pürieren. Das ist gut, da die Kerne viele Vitalstoffe enthalten.

Erfrischendes Tropengrün

Superfood-Zutat: Lucuma

Zutaten:
1 süße Mango
1 Orange
1 dünne Zitronenscheibe
1 Handvoll frischer Feldsalat
1 gehäufter TL Lucuma-Pulver
½ TL Zimt
1 Prise Salz
250 ml Wasser

Ergibt ca. ¾ Liter Smoothie

Zubereitung: Die Mango schälen und halbieren, den Kern entfernen und das Fruchtfleisch in Stücke schneiden. Die Orange schälen und ebenfalls in Stücke schneiden. Die Früchte mit dem Feldsalat und allen restlichen Zutaten in den Mixer geben. Starten Sie Ihren Mixer zuerst auf kleinster Stufe und pürieren Sie das Ganze dann auf höchster Stufe so lange, bis der Smoothie eine cremige Konsistenz hat.

Grüner Brennofen

Superfood-Zutaten: Brennnessel, Chiasamen, Kokosöl

Zutaten:

1 EL Chiasamen
50 ml Wasser
1 Birne
2 Scheiben Ananas (150 g), geschält
1 Handvoll Brennnesselblätter
2 Stängel Petersilie
1 EL Kokosöl
3 kleine entsteinte Datteln
1 Prise Salz
300 ml Wasser

Ergibt ca. 1 Liter Smoothie

Zubereitung: Die Chiasamen über Nacht in 50 Millilitern Wasser einweichen. Die Birne waschen, das Kerngehäuse entfernen und die Frucht vierteln. Die Ananasscheiben in Stücke schneiden. Alle Früchte in den Mixer geben. Die Brennnesselblätter von den Stielen zupfen und waschen. Die Petersilie ebenfalls waschen, zusammen mit den Brennnesselblättern grob zerkleinern und ebenfalls in den Mixer geben. Alle weiteren Zutaten zusammen mit den Chiasamen samt Einweichwasser ebenfalls hinzugeben und den Smoothie so lange pürieren, bis er eine leckere cremige Konsistenz hat.

Hinweis: Wenn Sie einen leistungsstarken Mixer haben, können Sie die Birne mit Kerngehäuse pürieren und die Brennnesselstiele ebenfalls mit verwenden.

Foody Supermoody

Superfood-Zutaten: Kakaobohne, Lucuma, Spirulina

Zutaten:
1 Apfel
1 Birne
1 Handvoll Spinat
8 frische Basilikumblätter
1 dünne Zitronenscheibe
4 kleine entsteinte Datteln
5 rohe Kakaobohnen
1 gehäufter TL Lucuma-Pulver
1 gestrichener TL Spirulina
1 Prise Salz
350 ml Wasser

Ergibt ca. ¾ Liter Smoothie

Zubereitung: Den Apfel und die Birne waschen und halbieren; dabei Stiel und Kerngehäuse entfernen. Die Früchte zusammen mit der nicht geschälten Zitronenscheibe in den Mixer geben. Den Spinat waschen und grob zerkleinern, dann mit den Basilikumblättern, den Superfood-Zutaten, dem Salz und dem Wasser ebenfalls in den Mixer füllen und das Ganze so lange pürieren, bis es eine leckere cremige Konsistenz hat.

Vitamin-C-Master-Combo

Victoria Boutenko

Superfood-Zutat: Sauerampfer

Zutaten:

2 Birnen
Saft von ½ Zitrone
2 Handvoll Kopfsalat
2 Handvoll Sauerampfer
500 ml Wasser

Ergibt ca. 1 ½ Liter Smoothie

Zubereitung: Die Birnen waschen und halbieren, Stiel und Kerngehäuse dabei entfernen. Birnenstücke und Zitronensaft in den Mixer geben. Den Salat waschen. Den Sauerampfer ebenfalls waschen, abtropfen lassen und grob schneiden. Beides zusammen mit dem Wasser ebenfalls in den Mixer füllen und das Ganze so lange pürieren, bis es eine leckere cremige Konsistenz hat.

Tipp: Dieser Smoothie eignet sich sehr gut für Einsteiger und für Kinder, denn er schmeckt sehr mild.

Valyas grüner Pudding

Valya Boutenko

Superfood-Zutat: Lucuma

Zutaten:
½ Ananas
1 Apfel
1 Birne
5 große Mangoldblätter
1 kleiner Zweig Zitronenmelisse
1 gehäufter TL Lucuma-Pulver

Ergibt ca. ½ Liter Pudding

Zubereitung: Den Apfel und die Birne waschen und halbieren, Stiel und Kerngehäuse dabei entfernen. Die Ananas halbieren, eine Hälfte schälen und in Stücke schneiden. Alle Früchte in den Mixer geben. Die Mangoldblätter waschen und den weißen Stiel entfernen. Die Blätter der Zitronenmelisse vom Stiel abzupfen, waschen und grob schneiden. Die grünen Zutaten zusammen mit dem Lucuma-Pulver – keine Flüssigkeit hinzugeben – ebenfalls in den Mixer geben und den Pudding so lange pürieren, bis er eine feste cremige Konsistenz hat. Benutzen Sie den Stopfer (falls im Lieferumfang Ihres Mixers einer enthalten war) und drücken Sie das Mixgut immer wieder von oben auf das Messerwerk.

Tipp: Wenn Sie Ananas, Apfel, Birne und Mangold in kleine Stücke schneiden und mindestens 4 Stunden lang ins Gefrierfach stellen, können Sie mit denselben Zutaten eine grüne Eiscreme zaubern.

Gefrorene Mango-Minze

Sergei Boutenko

Superfood-Zutat: Giersch

Zutaten:
200 g gefrorene Mangostücke
100 g gefrorene Erdbeeren
1 kleine Handvoll Giersch
1 kleine Handvoll frische Minze-blätter
150 ml Apfelsaft, frisch gepresst
150 ml Wasser

Ergibt ca. 1 ½ Liter Smoothie

Zubereitung: Die Mango schälen und halbieren, den Kern entfernen und das Fruchtfleisch in kleine Würfel schneiden. Die Mangostücke mindestens 4 Stunden lang auf einem flachen Teller ins Gefrierfach stellen. Die gefrorenen Mangostücke und die gefrorenen Erdbeeren in den Mixer geben. Den Giersch waschen und grob schneiden. Die Minzeblätter vom Stiel abzupfen und waschen. Die grünen Zutaten ebenfalls in den Mixer füllen. Wasser und Apfelsaft hinzugeben und das Ganze so lange pürieren, bis es eine leckere cremige Konsistenz hat. Dieser kühle Smoothie ist ideal für einen heißen, sonnigen Tag!

Tipp: Wenn Sie Ihren Smoothie nicht erfrischend kühl haben wollen, können Sie auch frische Mangos und frische Erdbeeren verwenden.

Die Boutenkos: Victoria, Sergei und Valya

In den USA sind die Boutenkos auch als „Raw Family" bekannt. Schon im Jahr 1994 hatte Victoria die Ernährung ihrer Familie radikal auf Rohkost umgestellt. Nachdem die Boutenkos (damals noch mit Victorias Mann Igor) nach dem Zusammenbruch der Sowjetunion in die USA ausgewandert waren, wurden sie im „gelobten Land" ernsthaft krank.

Durch eine radikale Ernährungsumstellung verbesserten sich die Beschwerden, bis schließlich alle Familienmitglieder wieder völlig gesund wurden. Ihre erstaunlichen Erfahrungen und ihr Wissen geben sie in ihren Büchern, DVDs, in Vorträgen und über ihre Homepage *www.rawfamily.com* weiter.

Victoria Boutenko, die als Erfinderin der grünen Smoothies gilt, initiierte von Wissenschaftlern betreute Studien zum Thema „Ernährung", insbesondere zu dem grünen Zaubertrank. Sie hält Vorträge und Seminare auf der ganzen Welt und setzt sich leidenschaftlich für einen Paradigmenwechsel in der Ernährung ein. Die beste Nahrungsquelle – die vitalstoffreichen grünen Blätter – steht uns kostenlos direkt aus dem Garten der Natur zur Verfügung. Das Pflanzengrün ist für sie schon längst eine eigene Lebensmittelkategorie.

Meeresschatz an heißen Tagen

Superfood-Zutat: Phytoplankton

Zutaten:
2 EL Honig
1 Prise Himalaja-Kristallsalz
2 TL Phytoplankton
1 l Wasser

Ergibt ca. 1 Liter Smoothie

Zubereitung: Alle Zutaten in den Mixer geben und auf höchster Stufe fein pürieren.

Tipp: Ideal an heißen Tagen für lange Wanderungen und sportliche Aktivität im Freien.

Grüne Tropenrakete

Winfried Holler

Superfood-Zutat: Gerstengras

Zutaten:
100 g getrocknete Ananasringe
200 ml Wasser
1 Orange
1 Handvoll frischer Spinat
2 gestrichene EL Gerstengras-Pulver
6 entsteinte Datteln
300 ml Wasser

Ergibt ca. 1 Liter Smoothie

Zubereitung: Die getrockneten Ananasringe mindestens 2 Stunden lang in 200 Millilitern Wasser einweichen. Die Orange schälen und in Stücke schneiden, dann zusammen mit den Ananasringen und dem Einweichwasser in den Mixer geben. Den Spinat waschen, grob schneiden und mit dem Gerstengras-Pulver, den Datteln und dem Wasser ebenfalls in den Mixer füllen. Starten Sie Ihren Mixer zuerst auf kleinster Stufe und pürieren Sie die Zutaten dann auf höchster Stufe so lange, bis der Smoothie eine cremige Konsistenz hat.

Hinweis: 100 Gramm getrocknete Ananasringe plus 400 Milliliter Wasser entsprechen 500 Gramm frischer Ananas.
Tipp: Verwenden Sie keine gezuckerten Ananasringe – achten Sie auch bei Trockenobst auf hochwertige Rohkost-Qualität.

Chlorophyllisierte Mango

Winfried Holler

Superfood-Zutat: Chlorella

Zutaten:

100 g getrocknete Mangostücke
2 Äpfel
200 ml Wasser
1 Handvoll grüner Blattsalat
1 gestrichener TL Chlorella-Pulver
200 ml Wasser

Ergibt ca. 1 Liter Smoothie

Zubereitung: Die getrockneten Mangostücke mindestens 2 Stunden lang in 200 Millilitern Wasser einweichen. Die Äpfel waschen und vierteln, Stiel und Kerngehäuse dabei entfernen. Äpfel und eingeweichte Mangostücke mit dem Einweichwasser in den Mixer füllen. Blattsalat waschen, abtropfen lassen, grob zerkleinern und zusammen mit der Chlorella und dem restlichen Wasser zu den Früchten geben. Starten Sie Ihren Mixer zuerst auf kleinster Stufe und pürieren Sie die Zutaten dann auf höchster Stufe so lange, bis der Smoothie eine cremige Konsistenz hat.

Hinweis: Beginnen Sie am Anfang mit nur 1 gestrichenen TL Chlorella oder 5 Presslingen und steigern Sie die Chlorella-Menge langsam, bis maximal 5 gestrichenen TL oder 15 Presslingen pro Smoothie.

Tipp: Wer einen Hochleistungsmixer verwendet, kann auf das Einweichen der Trockenfrüchte verzichten.

Winfried Holler

Winfried ist der Geschäftsführer der Firma *Keimling* in Buxtehude. Er kann auf mehr als 20 Jahre Erfahrung mit Rohkost und Smoothies zurückgreifen und darf schon allein deshalb in diesem Buch nicht fehlen.

„Schon früh habe ich mich mit dem Thema ‚Smoothies' beschäftigt. Denn alles, was mit Rohkost zu tun hat, interessiert mich privat, aber natürlich auch als Geschäftsführer des Rohkost-Versands Keimling Naturkost. *Für mich sind Smoothies eine genussvolle Möglichkeit, leicht und viel frisches Obst, Gemüse und vor allem Grünes zu mir zu nehmen.*

Da Keimling Naturkost *neben Geräten der Rohkostküche auch Trockenfrüchte in Rohkost-Qualität vertreibt, kam ich schnell auf die Idee, meine Smoothies mit diesen Geschenken der Natur zu verfeinern. Ich machte den direkten Vergleich zwischen frischer Ananas und getrockneter Ananas. Unsere getrockneten Ananasringe haben mich total überzeugt. Die Ananas reifen im Herkunftsland voll aus und werden für Keimling dann bei einer Temperatur unter 40 °C getrocknet. Das schmeckt einfach himmlisch.*

Mein Tipp: *Wenn in Smoothie-Rezepten frische Ananas angegeben sind, teile ich das Gewicht durch acht. Von der getrockneten Ananas nehme ich dann ein Achtel der angegebenen Menge und füge sieben Achtel Wasser dazu. Dies entspricht ganz gut der frischen Ware."*

Fünf-Elemente-Smoothie

Matthias Pfleger

Superfood-Zutaten: Löwenzahn, Gerstengras und Leinöl

Zutaten:

1 Apfel
1 Birne
1 Handvoll Löwenzahnblätter
2 EL Gerstengras-Pulver
2 EL kalt gepresstes Leinöl
1 Prise Kristallsalz
1 Prise Chili-Pulver
250 ml lauwarmes Wasser

Ergibt ca. ½ Liter Smoothie

Zubereitung: Apfel und Birne waschen und vierteln, dabei Stiel und Kerngehäuse entfernen. Die Früchte in den Mixer geben. Den Löwenzahn waschen, grob schneiden und zusammen mit dem Gerstengras-Pulver hinzufügen. Alle anderen Zutaten und das Wasser ebenfalls dazugeben. Starten Sie Ihren Mixer zuerst auf kleinster Stufe und pürieren Sie die Zutaten dann auf höchster Stufe so lange, bis der Smoothie eine cremige Konsistenz hat.

Hinweis: Durch die Kombination der ungesättigten Fettsäuren und der schwefelhaltigen pflanzlichen Aminosäuren eignet sich dieser Smoothie hervorragend als Teil einer Öl-Eiweiß-Kost mit ihren zellaufbauenden und regenerationsfördernden Wirkungen. Besonders nach Krankheit, Operationen oder zum Energietanken bei Entgiftungskuren ist dieser grüne Powerdrink ideal. Er ist aber auch segensreich, um sich nach durchzechten Nächten oder Kuchenorgien wieder ins Gleichgewicht zu bringen.

Matthias Pfleger

Matthias ist Sozialpädagoge und Heilpraktiker und hat viele Jahre in seiner eigenen Praxis in Mannheim gearbeitet. Eine seiner großen Leidenschaften waren Regenwaldkräuter aus dem Amazonas. Eine langjährige Krankheit behandelte er mithilfe der Regenwaldpflanzen sowie weiteren Superfoods in seiner Ernährung weitgehend selbst. Zu seiner ganzheitlichen Heilung trug auch die Arbeit mit Daniel Barron bei, dem Begründer von EBE *(Emotional Body Enlightenment)*, die Matthias zu einem emotional gereiften und vor allem herzlichen Mann hat heranwachsen lassen.

„Ich empfehle einen grünen Smoothie mit Leinöl (als Variation meines Fünf-Elemente-Smoothies) in regelmäßigem Wechsel mit Schwarzwälder Kirschtorte und Cappuccino! Konzentriert man sich zu sehr und ausschließlich auf höchstmögliche Gesundheit, kann es geschehen, dass man von Krankheit überrascht wird, wenn man es gar nicht erwartet.

Als eine Möglichkeit, um nicht zu steif, zu eng und zu fanatisch zu werden, empfehle ich ein ausgeglichenes Essverhalten und als gesundheitsbewusster Mensch ab und zu fünf gerade sein zu lassen, sich dem Genuss hinzugeben und neugierig zu erfühlen, was in einem passiert und wie das soziale Umfeld reagiert, wenn man frisch, frei und nach Herzenslaune zwischen den Polen Junkfood und Superfood surft, sich nicht nur immer perfekt und optimal ernährt, sondern sich auch gelegentlich Genussmittel gönnt. Wenn man sie genauso genießen kann wie ein ausgefeiltes Rohkostmenü oder das neueste Superfood, dann ist man vielleicht schon einen Schritt weiter auf dem Weg, ein freier Mensch zu sein."

Grüner Mandelmilch-Smoothie

Superfood-Zutat: Brennnesseln

Zutaten:
1 Apfel
1 Banane
½ Avocado
1 kleine Handvoll Brennnesselblätter
1 Handvoll Karottengrün
1 kleine Prise Salz
5 Tropfen Stevia
350 ml Mandelmilch (Rezept siehe Seite 164)

Ergibt ca. ½ Liter Smoothie

Zubereitung: Den Apfel waschen, vierteln und dabei Stiel und Kerngehäuse entfernen. Die Banane schälen und in Stücke schneiden. Die Avocado halbieren, den Kern herausnehmen und das Fruchtfleisch einer Hälfte mit einem Löffel aus der Schale heben. Die Früchte in den Mixer geben. Die Brennnesseln und das Karottengrün waschen und grob zerkleinern, dann zusammen mit den restlichen Zutaten hinzufügen und das Ganze so lange pürieren, bis es eine leckere cremige Konsistenz hat.

Tipp: Die frische selbst gemachte Lucuma-Mandelmilch eignet sich ideal zur Herstellung dieses grünen Superfood-Smoothies. Im Bioladen finden Sie auch abgepackte Mandelmilch, die allerdings erhitzt ist und keine Rohkost-Qualität hat.

Ayurvedischer Smoothie

Superfood-Zutat: Shilajit

Zutaten:
1 süße Mango
1 Apfel
½ Avocado
100 g frische Petersilie
1 kleiner Zweig Zitronenthymian
2 TL Kokosblütenzucker
1 TL Shilajit
400 ml Wasser

Ergibt ca. 1 Liter Smoothie

Zubereitung: Die Mango schälen, halbieren, den Kern entfernen und das Fruchtfleisch in Stücke schneiden. Den Apfel waschen und vierteln, dabei von Stiel und Kerngehäuse befreien. Die Avocado halbieren, den Kern herausnehmen und das Fruchtfleisch einer Hälfte mit dem Löffel aus der Schale herausheben. Alle Früchte in den Mixer geben. Die Petersilie waschen und grob zerkleinern. Die Blätter des Zitronenthymian vom Zweig zupfen und zusammen mit den restlichen Zutaten und dem Wasser hinzufügen. Alle Zutaten cremig pürieren.

Tipp: Wenn Sie weniger Wasser verwenden, können Sie aus diesen Zutaten auch einen sehr leckeren grünen Rohkost-Pudding zaubern. Verwenden Sie gegebenenfalls noch mehr Avocado und/oder Mango zum Eindicken!

Grünes Licht

Burkhard Hickisch

Superfood-Zutaten: Chiasamen, Gojibeeren, Spirulina

Zutaten:
1 EL Chiasamen
50 ml Wasser
1 Zitrone
½ Salatgurke
4 Stangen Staudensellerie
4 Blatt Spitzkohl
6 grüne Pfefferkörner
1 Prise Fleur de Sel
100 ml Wasser
1 EL Gojibeeren
Spirulina-Flocken zur Dekoration

Ergibt ca. 1 Liter grüne Suppe

Zubereitung: Die Chiasamen über Nacht in 50 Millilitern Wasser einweichen. Die Zitrone schälen und vierteln, die Kerne dabei entfernen. Die Gurke waschen und in Stücke schneiden, anschließend zusammen mit den Zitronenstücken in den Mixer geben. Den Staudensellerie waschen und grob schneiden. Die Spitzkohlblätter waschen und abtropfen lassen. Die grünen Zutaten ebenfalls in den Mixer geben. Die restlichen Zutaten zusammen mit den Chiasamen, dem Einweichwasser und dem restlichen Wasser hinzufügen. Starten Sie Ihren Mixer zuerst auf kleinster Stufe und pürieren Sie die Zutaten dann auf höchster Stufe so lange, bis der Smoothie eine cremige Konsistenz hat. Mit Spirulina-Flocken bestreuen.

Hinweis: Wenn sich in Ihrem Mixer spontan kein Mahlstrudel bildet, bitte den beiliegenden Stopfer verwenden. Durch das Loch im Deckel einführen und damit das Mixgut immer wieder nach unten auf den Messerblock drücken. Gießen Sie diesen grünen Smoothie in Teller und genießen Sie ihn mit dem Löffel als Kaltschale.

Burkhard Hickisch

Burkhard ist ein Grüne-Smoothies-Enthusiast der ersten Stunde. Als Lektor und Übersetzer von Victoria Boutenkos deutschen Büchern kam er schon früh in Kontakt mit der „grünen Wunderdroge", die ihn seitdem fest im Griff hat. Mit ein paar Freunden gründete er die Website *www.GrüneSmoothies.de* und half schon ab 2008 kräftig mit, den grünen Smoothie auch im deutschsprachigen Gebiet bekannt zu machen. Er ist Mitgründer der *Grüne Smoothies GmbH* und hat zusammen mit seinem Freund Dr. med. Christian Guth aus Wien inzwischen bereits selbst zwei erfolgreiche Bücher über die Grünen Smoothies geschrieben.

„Ich bin sehr glücklich, dass ich einer beruflichen Tätigkeit nachgehen darf, die mich total erfüllt und mit der ich so vielen Menschen helfen kann, ein gesünderes und glücklicheres Leben zu führen. Ich werde nicht eher ruhen, bis es in jedem Haushalt eine ‚grüne Küche' gibt und unsere Kultur auf breiter Basis ‚die grüne Kurve' gekriegt hat. Dafür schlägt mein Herz!"

Fruchtige Smoothies

Süßer Cashew-Schoko-Drink

Kirstin Knufmann

Superfood-Zutaten: Kakaobohnen, Shilajit

Zutaten:

1 Handvoll Cashewkerne
100 ml Wasser
1 gestrichener EL Carob-Pulver
5 rohe Kakaobohnen
1 gestrichenen TL Shilajit
2 EL Maulbeeren
1 Prise Cayennepfeffer
250 ml Wasser

Ergibt ca. ½ Liter Smoothie

Zubereitung: Die Cashewkerne über Nacht in 100 Millilitern Wasser einweichen; das Einweichwasser mit verwenden. Alle Zutaten in den Mixer füllen. Starten Sie Ihren Mixer zuerst auf kleinster Stufe und pürieren Sie das Ganze dann auf höchster Stufe so lange, bis der Smoothie eine cremige Konsistenz hat.

Tipp: Hier eignet sich die Makao-Trinkmischung von Pure Raw ideal! Sie können diesen Drink auch wie einen Kakao warm genießen, achten Sie dann jedoch darauf, dass Sie nicht über 42 °C heißes Wasser verwenden, damit die Vitalstoffe und Enzyme nicht zerstört werden.

Kirstin Knufmann

Kirstin Knufmann ist die Inhaberin der Firma *Pure Raw* und vertreibt Rohköstlichkeiten und Superfoods. Sie selbst ist überzeugte vegane Rohköstlerin und genießt Superfood-Smoothies schon seit geraumer Zeit.

„Ich trinke Smoothies schon sehr lange. Eigentlich seit meiner Kindheit. Bloß haben wir sie damals nicht Smoothies genannt. Es gab bei uns immer frisches Obst, oftmals aus dem eigenen Garten. Meine Großeltern hatten einen Bauernhof und da wurde vieles selbst angebaut. Mit dem Hochgeschwindigkeitsmixer fing dann auch das eigentliche Experimentieren mit grünen Smoothies an. Den bewussten Zugang dazu habe ich in Amerika gefunden. Ich bin jobtechnisch viel in New York und dort auf dem Weg zur Metro immer an einer „Saftbar" vorbeigekommen, in der unter anderem frische Grassäfte und eben auch grüne Smoothies angeboten wurden. Damit habe ich mir einen guten Start in den Morgen gesichert.

In Los Angeles bin ich irgendwann auf die Superfoods gestoßen und habe schließlich die Rohkost für mich entdeckt. Es war wirklich wundervoll, zu sehen und zu spüren, wie sehr diese Art der Ernährung auf den Körper und die Gedanken wirkt. Zur gleichen Zeit habe ich angefangen, mich vegan zu ernähren. Augenblicklich ernähre ich mich roh-vegan und versuche, meinen Fokus auf frische Lebensmittel zu legen, im ausgewogenen Verhältnis zwischen Obst, Gemüse, Grün (Salate, Gartenkräuter und Wildkräuter), Superfoods, Sprossen und gesund-natürlichen Fetten. Meist sind es ganz einfache Kombinationen, die sich spontan ergeben und an denen ich Spaß habe. Eines meiner Lieblingsrezepte ist der Makao!"

Summer Feeling

Superfood-Zutaten: Kokosmus, Kokosöl, *Aloe vera*

Zutaten:
2 Scheiben Ananas (150 g), geschält
100 g Erdbeeren
Saft von ½ Zitrone
3 TL Kokosmus
2 TL Kokosöl
10 cm vom *Aloe vera*-Blatt
3 Tropfen Stevia
250 ml Wasser

Ergibt ca. ½ Liter Smoothie

Zubereitung: Erdbeeren waschen und halbieren. Von der *Aloe vera*-Pflanze ein Stück Blatt abschneiden, der Länge nach aufschneiden und das Gel mit einem Messer von der Schale abkratzen. Die Ananasscheiben in Stücke schneiden. Alle Früchte mit dem Zitronensaft in den Mixer geben. Die restlichen Zutaten ebenfalls hinzugeben. Starten Sie Ihren Mixer zuerst auf kleinster Stufe und pürieren Sie das Ganze dann auf höchster Stufe so lange, bis der Smoothie eine cremige Konsistenz hat.

Dekoration: Kokosraspeln über den fertigen Smoothie rieseln lassen.

Hinweise: Wenn Sie den Smoothie flüssiger haben wollen, können Sie nach Belieben Wasser dazugeben.
Wenn Sie einen Hochleistungs-Mixer besitzen, können Sie das *Aloe vera*-Blatt einfach mit Schale verwenden.

Mandel-Maca-Smoothie

Superfood-Zutat: Maca

Zutaten:

1 Banane
1 Apfel
2 EL rohes Bio-Mandelpüree
1 TL Maca-Pulver
250 ml Wasser
ein paar Mandelsplitter zur Dekoration

Ergibt ca. ½ Liter Smoothie

Zubereitung: Die Banane schälen und in Stücke schneiden. Den Apfel waschen, vierteln und dabei Stiel und Kerngehäuse entfernen. Die Früchte zusammen mit dem Mandelpüree, dem Maca-Pulver und dem Wasser in den Mixer geben. Starten Sie Ihren Mixer zuerst auf kleinster Stufe und pürieren Sie die Zutaten dann auf höchster Stufe so lange, bis der Smoothie eine cremige Konsistenz hat.

Dekoration: Streuen Sie ein paar Mandelsplitter oder Mandelbruch über den Smoothie.

Kokospalmen am Meer

Superfood-Zutaten: Kokosmus, Kokosöl, Phytoplankton

Zutaten:
½ Banane
Saft von ½ Zitrone
3 TL Kokosmus
2 TL Kokosöl
1 TL Phytoplankton
2 TL Kokosblütenzucker
1 Prise Himalaja-Kristallsalz
300 ml Wasser

Ergibt ca. ½ Liter Smoothie

Zubereitung: Banane schälen, in Stücke schneiden und mit dem Zitronensaft in den Mixer geben. Die restlichen Zutaten Schritt für Schritt hinzufügen. Starten Sie Ihren Mixer dabei zuerst auf kleinster Stufe und pürieren Sie das Ganze dann auf höchster Stufe so lange, bis der Smoothie eine cremige Konsistenz hat.

Himbeerrote Leidenschaft

Superfood-Zutaten: Lucuma, Acerola

Zutaten:
150 g gefrorene Himbeeren
1 gestrichener TL Acerola-Pulver
1 TL Lucuma-Pulver
2 EL Kokosblütenzucker
250 ml Wasser

Ergibt ca. ½ Liter Smoothie

Zubereitung: Die Himbeeren in den Mixer geben. Alle anderen Zutaten hinzufügen. Starten Sie Ihren Mixer zuerst auf kleinster Stufe und pürieren Sie das Ganze dann auf höchster Stufe so lange, bis der Smoothie eine cremige Konsistenz hat.

Tipp: Bei einem leistungsschwachen Mixer sollten Sie die Himbeeren vor dem Mixen antauen lassen.

Sonnenkönig und Eisprinzessin

Superfood-Zutat: Camu Camu

Zutaten:
150 g gefrorene Blaubeeren
1 TL Camu-Camu-Pulver
3 TL Kokosblütenzucker
100 ml heißes Wasser

Ergibt ca. 200 Milliliter Smoothie

Zubereitung: Alle Zutaten im Mixer mit so wenig Wasser wie möglich so lange pürieren, bis eine cremige Konsistenz erreicht ist. Verwenden Sie gegebenenfalls den Stopfer Ihres Mixers, um das Mixgut zu einem köstlichen Eis zu verarbeiten. Das heiße Wasser wird separat zur kalten Smoothie-Eiscreme serviert.

Variante: Vorab im Mixer etwas Hanfsamensahne (Herstellung siehe Seite 165) kurz mit Bourbon-Vanille pürieren und separat in einem kleinen Gefäß zum Smoothie servieren. Sie können die Soße auch über die Heidelbeer-Eiscreme gießen.

Radikalenfänger

Superfood-Zutaten: Acai und Leinöl

Zutaten:
3 getrocknete Aprikosen
100 ml Wasser
200 g Blaubeeren
1 Orange
2 TL roher wilder Honig
1 EL Leinöl
1 TL Acai-Pulver
200 ml Wasser

Ergibt ca. 1 Liter Smoothie

Zubereitung: Die Aprikosen mindestens 2 Stunden in 100 Millilitern Wasser einweichen. Die Orange schälen, in Stücke schneiden und zusammen mit den Aprikosen und dem Einweichwasser in den Mixer geben. Die restlichen Zutaten hinzugeben. Starten Sie Ihren Mixer zuerst auf kleinster Stufe und pürieren Sie das Ganze dann auf höchster Stufe so lange, bis der Smoothie eine cremige Konsistenz hat.

Tipp: Verwenden Sie als Trockenobst bitte nur ungeschwefelte Aprikosen in Bioqualität.

Verrückt-nach-deinem-Erdbeermund-Smoothie

Superfood-Zutaten: Kokosöl, Hanfsamen

Zutaten:
200 g Erdbeeren
2 EL Kokosblütenzucker
1 TL Rosenwasser
1 TL Kokosöl
1 EL Hanfsamensahne
(Rezept siehe Seite 165)
250 ml Wasser

Ergibt ca. ½ Liter Smoothie

Zubereitung: Die Erdbeeren waschen und halbieren. Alle Zutaten – außer der Hanfsamensahne und ein paar Erdbeerstückchen, die zurückbehalten werden – im Mixer cremig pürieren. Den dickflüssigen Smoothie in ein Gefäß geben. Ein paar Erdbeeren in kleine Stückchen schneiden und unter den Smoothie heben. Den Drink in Gläser füllen. Die selbstgemachte Hanfsamensahne über den Smoothie geben und das Ganze mit einer Erdbeere dekorieren. Et voilà! Rot und einfach köstlich.

Tipp: Rosenwasser können Sie selbst herstellen, indem Sie Rosenblätter über Nacht in lauwarmes Wasser legen. Achten Sie in jedem Fall darauf, dass die Rosenblüten nicht gespritzt sind.

Fruchtiger Durstlöscher

Superfood-Zutat: Lucuma

Zutaten:
150 g Erdbeeren
¼ Wassermelone
2 EL Lucuma-Pulver

Ergibt ca. 1 Liter Smoothie

Zubereitung: Die Erdbeeren waschen und halbieren. Eine mittelgroße Wassermelone vierteln, schälen, entkernen und in Stücke schneiden. Die Früchte zusammen mit dem Lucuma-Pulver in den Mixer geben und das Ganze so lange pürieren, bis es eine leckere cremige Konsistenz hat.

Tipps: Wenn Ihr Durstlöscher flüssiger sein soll, geben Sie einfach mehr Wassermelone hinzu, aber bitte kein Wasser!
Besitzen Sie einen leistungsstarken Mixer, können Kerne (und sogar Schale) der Melone mit verwendet werden.

Sommernachtstraum

Superfood-Zutaten: Kokoswasser, Kokosmus, *Aloe vera*

Zutaten:
1 reife Mango
1 süßer Apfel
10 cm vom *Aloe vera*-Blatt
Saft von ½ Zitrone
3 EL Kokosmus
2 TL Birkensüß
1 Stück Ingwer
200 ml Kokoswasser

Ergibt ca. ½ Liter Smoothie

Zubereitung: Die Mango schälen, halbieren, den Kern entfernen und das Fruchtfleisch in Stücke schneiden. Den Apfel waschen, vierteln und dabei den Stiel und das Kerngehäuse entfernen. Von der *Aloe vera*-Pflanze ein Stück Blatt abschneiden, der Länge nach aufschneiden und das Gel mit einem Messer von der Schale abkratzen. Alles zusammen in den Mixer geben. 1 Zentimeter von einer ungeschälten frischen Ingwerknolle abschneiden und zusammen mit den restlichen Zutaten und dem Kokoswasser hinzufügen. Starten Sie Ihren Mixer zuerst auf kleinster Stufe und pürieren Sie das Ganze dann auf höchster Stufe so lange, bis der Smoothie eine cremige Konsistenz hat.

Very Sexy

Superfood-Zutat: Kokosöl

Zutaten:
150 g Papaya
1 Orange
3 EL Kokosöl
1 EL Kokosblütenzucker
200 ml Wasser

Ergibt ca. 1 Liter Smoothie

Zubereitung: Die Papaya schälen, entkernen und in Stücke schneiden. Die Orange schälen und ebenfalls in Stücke schneiden. Die Früchte in den Mixer geben. Die restlichen Zutaten ebenfalls hinzufügen. Starten Sie Ihren Mixer zuerst auf kleinster Stufe und pürieren Sie die Zutaten dann auf höchster Stufe so lange, bis der Smoothie eine cremige Konsistenz hat.

Detox-Tipp für superscharfe Sexyness:
Nachdem Sie Ihren Smoothie fertig püriert haben, füllen Sie ihn in ein schönes Glas und dekorieren ihn mit rohen Kakaonibs. Lassen Sie einen kleinen Rest des Smoothies im Mixer, geben Sie 5 bis 10 Papayasamen mit einem Schuss Wasser dazu und pürieren Sie das Ganze erneut. Trinken Sie diesen Detox-Mix auf nüchternen Magen, bevor Sie Ihren leckeren Smoothie genießen. Die Papayasamen kurbeln die Entgiftung an, sind aber nicht für Schwangere, stillende Mütter und Kleinkinder geeignet.

Achtung: Die schwarzen Papayasamen sind sehr scharf!

Zitrus-Glück

Superfood-Zutaten: Acerola, Leinöl

Zutaten:

1 Orange
1 Zitrone
1 kleine reife Mango
1 TL roher wilder Honig
1 TL Acerola-Pulver
1 EL kaltgepresstes Leinöl
250 ml Wasser

Ergibt ca. 1 Liter Smoothie

Zubereitung: Die Orange und die Zitrone schälen und in Stücke schneiden. Die Mango schälen, halbieren, den Kern entfernen und das Fruchtfleisch in Stücke schneiden. Die Früchte in den Mixer geben. Die restlichen Zutaten ebenfalls hinzufügen. Starten Sie Ihren Mixer zuerst auf kleinster Stufe und pürieren Sie das Ganze dann auf höchster Stufe so lange, bis der Smoothie eine cremige Konsistenz hat.

Variation: 1 Stück Ingwer mitpürieren und/oder etwas frisch geraspelte Bio-Zitronenschale über den Smoothie streuen.

Beauty-Enzymbombe

Superfood-Zutat: Kakao

Zutaten:

1 Banane
150 g Heidelbeeren
2 Scheiben Ananas (150 g), geschält
2 EL rohes Kakao-Pulver
1 TL Kokosblütenzucker
200 ml Wasser

Ergibt ca. 1 Liter Smoothie

Zubereitung: Die Banane schälen und in Stücke schneiden. Die Heidelbeeren waschen. Alle Früchte in den Mixer geben. Die restlichen Zutaten hinzufügen. Das Gerät kurz auf niedrigster Stufe starten und das Ganze dann auf höchster Stufe so lange pürieren, bis es schön cremig ist.

Tipp für den Sommer: Verwenden Sie Eiswürfel anstelle von Wasser.

Sonnenkrieger

Superfood-Zutat: Maca

Zutaten:

1 Banane
50 g Pinienkerne
2 cm Vanilleschote
1 EL Kokosblütenzucker
2 EL Maca-Pulver
250 ml Apfelsaft, frisch gepresst

Ergibt ca. ½ Liter Smoothie

Zubereitung: Die Banane schälen und in Stücke schneiden. Zusammen mit den restlichen Zutaten in den Mixer geben. Das Gerät kurz auf niedrigster Stufe starten und das Ganze dann auf höchster Stufe so lange pürieren, bis es schön cremig ist.

Variation: Fügen Sie an kalten Tagen 1 Stange Zimt (entspricht 1 gehäuften TL Zimt-Pulver) und 1 Stück Ingwer hinzu. Das wärmt von innen.

Tipp für Sportler: Dieser mineralienreiche Smoothie sorgt für den optimalen Start in den Tag. Sehr zu empfehlen auch vor dem Workout und/oder dem Ausdauertraining. Wer mehr Kohlenhydrate braucht, nimmt 2 Bananen.

Vitamix
TOTAL NUTRITION CENTER

Maca-Magnesium

Superfood-Zutaten: Maca, Kakao

Zutaten:

2 EL helle Sesamsaat
1 EL schwarze Sesamsaat
100 ml Wasser
100 g getrocknete Mango
50 g getrocknete Aprikosen
250 ml Wasser
2 EL Maca-Pulver
5 rohe Kakaobohnen
150 ml Wasser

Ergibt ca. 1 Liter Smoothie

Zubereitung: Die helle und schwarze Sesamsaat über Nacht in 100 Millilitern Wasser einweichen. Die getrockneten Mangostücke und die getrockneten Aprikosen mindestens 2 Stunden in 250 Millilitern Wasser einweichen. Alle Zutaten zusammen mit dem Einweichwasser und dem Wasser in den Mixer füllen. Starten Sie Ihren Mixer zuerst auf kleinster Stufe und pürieren Sie die Zutaten dann auf höchster Stufe so lange, bis der Smoothie eine cremige Konsistenz hat.

Tipp für Sportler: Ideal nach dem Sport! Versorgt den Körper mit Magnesium und wirkt möglicherweise positiv auf die Regeneration der Muskeln.

Makao-Mix

Kirstin Knufmann

Superfood-Zutat: Makao-Trinkmischung

Zutaten:
1 Handvoll Cashewkerne
100 ml Wasser
2 EL Maulbeeren
3 TL Makao-Trinkmischung (von *Pure Raw*)
150 ml lauwarmes Wasser

Ergibt ca. ½ Liter Smoothie

Zubereitung: Die Cashewkerne über Nacht in 100 Millilitern Wasser einweichen. Alle Zutaten in den Mixer geben. Das Gerät auf niedrigster Stufe starten und das Ganze dann auf höchster Stufe so lange pürieren, bis es schön cremig ist.

Makao-Mischung: Diese hauseigene Trinkmischung von Kirstin besteht aus Kakao-Pulver, Maca, Lucuma, Carob, Shilajit, Vanille-Pulver und Kristallsalz (zu beziehen über die Firma *Pure Raw*, siehe unter „Bezugsquellen für Superfoods, Rohkost & mehr" im Anhang dieses Buches, Seite 174 f.).

Fruchtfreier Muntermaca

Superfood-Zutaten: Maca, Blütenpollen, Chiasamen

Zutaten:
2 TL Chiasamen
100 ml Wasser
3 EL Haferflocken
100 ml Wasser
3 gehäufte TL Maca-Pulver
2 TL Blütenpollen
5 Tropfen Stevia
1 Prise Himalaja-Kristallsalz

Ergibt ca. ½ Liter Smoothie

Zubereitung: Die Chiasamen über Nacht in 100 Millilitern Wasser einweichen. Die Haferflocken kurz in 100 Millilitern Wasser einweichen. Alle Zutaten mit dem Einweichwasser in den Mixer füllen. Das Gerät kurz auf niedrigster Stufe starten und das Ganze dann auf höchster Stufe so lange pürieren, bis es schön cremig ist.

Variation: Statt der Blütenpollen können Sie auch 1 Esslöffel Gojibeeren verwenden.

Tipp für mehr Energie: Der Muntermaca eignet sich hervorragend als Powerfrühstück, stärkt vor dem Workout und hilft bei Erschöpfung und Müdigkeit.

Aprikosen liebkosen

Superfood-Zutaten: Camu Camu, Astragalus, Leinöl

Zutaten:
1 Orange
6 Aprikosen
2 EL kaltgepresstes Leinöl
1 TL Camu-Camu-Pulver
1 EL Astragalus-Pulver
5 Tropfen Stevia
250 ml Wasser

Ergibt ca. ¾ Liter Smoothie

Zubereitung: Die Orange schälen und in Stücke schneiden. Die Aprikosen waschen, halbieren und entkernen. Die Früchte in den Mixer geben. Alle anderen Zutaten hinzufügen. Starten Sie Ihren Mixer zuerst auf kleinster Stufe und pürieren Sie die Zutaten dann auf höchster Stufe so lange, bis der Smoothie eine cremige Konsistenz hat.

Variation: Als Variante können Sie auch 5 rohe Kakaobohnen oder 3 Esslöffel Kakaonibs hinzugeben.

Wirkung: Aprikosen (und rohe Kakaobohnen) enthalten viel Magnesium, das insbesondere dem Herzmuskel zugutekommt. Durch die Verbindung mit Vitamin C, Eisen und Magnesium belebt dieser Smoothie Körper und Geist gleichzeitig und ist daher ideal für jemanden, der konzentriert arbeiten muss. Der Power-Drink eignet sich in Prüfungssituationen, aber auch zum Ausspannen am Feierabend.

Blutorange mit Kakao

Superfood-Zutat: Kakao

Zutaten:

1 Blutorange
2 Scheiben Ananas (150 g), geschält
½ Banane
1 TL roher wilder Honig
6 rohe Kakaobohnen
eventuell noch ein wenig Wasser

Ergibt ca. ½ Liter Smoothie

Zubereitung: Die Blutorange schälen und in Stücke schneiden. Die Banane schälen und die Hälfte in Stücke schneiden. Die Ananasscheiben ebenfalls in Stücke schneiden. Alle Früchte zusammen mit den restlichen Zutaten in den Mixer füllen. Starten Sie Ihren Mixer zuerst auf kleinster Stufe und pürieren Sie die Zutaten dann auf höchster Stufe so lange, bis der Smoothie eine cremige Konsistenz hat.

Variation: Anstelle von Blutorange können Sie auch Grapefruit verwenden und statt der frischen Ananas getrocknete (ungezuckerte) Ananasringe.

„Tanmesalra“-Kombination

Elisabeth Venman

Superfood-Zutaten: Hanfsamen, Leinsamen, Kokoswasser

Zutaten:
1 Banane
150 g gefrorene Blaubeeren
150 g gefrorene Himbeeren
2 EL Hanfsamen
2 EL Leinsamen
1 TL Agavendicksaft
300 ml Kokoswasser

Ergibt ca. 1 Liter Smoothie

Zubereitung: Zuerst die Leinsamen und die Hanfsamen ohne Wasser gut im Mixer zerkleinern. Die Banane schälen, in Stücke schneiden und mit den restlichen Zutaten und dem Kokoswasser dazugeben. Das Ganze so lange pürieren, bis es eine leckere cremige Konsistenz hat.

Variationen: Geben Sie noch 1 Esslöffel Kakao-Pulver hinzu.
Anstelle von Kokoswasser können Sie auch frisch gepressten Ananassaft oder eine frische süße Mango verwenden.
Mit Mandelmus bekommt die Komposition eine ganz besondere Note.

Doppeldecker

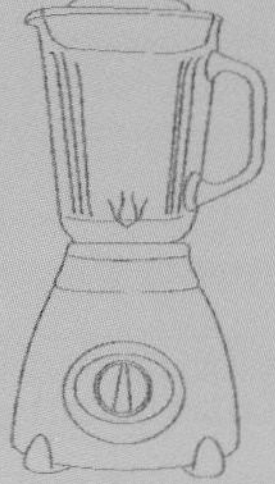

Super-Yummy-Power-Smoothie

Kailash Kokopelli

Superfood-Zutaten: Gojibeeren, Lucuma, Acai, Blütenpollen

Zutaten untere Schicht:
1 Handvoll Cashewnüsse
1 Handvoll rohe Sonnenblumenkerne
½ Handvoll Gojibeeren
½ Avocado
3 Datteln
1 getrocknete Feige
2 TL Lucuma-Pulver
1 Banane
250 ml Wasser

Zutaten obere Schicht:
Rest des Bananen-Smoothies
150 g Heidelbeeren
1 TL Acai-Pulver

Zur Dekoration:
½ TL Blütenpollen

Ergibt ca. 1½ Liter Smoothie

Zubereitung untere Schicht: Cashewnüsse, Sonnenblumenkerne und Gojibeeren im Mixer trocken mahlen, das Wasser hinzugeben und auf diese Weise aus den gemahlenen Nüssen und Gojibeeren eine Nuss-Goji-Milch herstellen. Das Fruchtfleisch einer halben Avocado sowie die Datteln, die Feige und das Lucuma-Pulver in den Mixer geben. Die Zutaten nochmals kurz pürieren, bevor Sie die geschälte, in Stücke geschnittene Banane und das Wasser hinzufügen. Das Ganze so lange pürieren, bis es eine leckere cremige Konsistenz hat. Füllen Sie diese Masse nun in drei große Gläser, sodass diese zu drei Vierteln voll sind. Im Mixer bleibt ein Rest der Bananen-Mischung.

Zubereitung obere Schicht: Die gewaschenen Heidelbeeren und etwas Acai-Pulver in den Mixer geben und mit dem Rest des Bananen-Smoothies pürieren. Anschließend das letzte Viertel der Gläser mit dem violetten Heidelbeer-Smoothie auffüllen.
Den Smoothie mit einigen Blütenpollen und klein gehackten Pinienkernen sowie mit 1 Prise Acai-Pulver farblich krönen.

Kailash Kokopelli

Kailash stammt aus Deutschland und ist Weltmusiker, Weltenwanderer, Komponist und Klangtherapeut. Als einer der ersten Didgeridoo-Spieler Deutschlands begeistert er schon seit Anfang der 1990er-Jahre sein Publikum mit dem ältesten Blasinstrument der Welt. Aber auch seine zauberhaften indianischen Zedernholzflöten, Schamanen-Trommeln und das „Spiritchanting" im Stil der Ureinwohner Amerikas und Skandinaviens sowie seine Herzenslieder öffnen innere Türen in seinen meditativen Konzerten. Es geht Kailash nicht um Unterhaltung allein, sondern auch darum, wieder einen sakralen Raum in sich und um sich herum zu schaffen.

Seit über zwanzig Jahren bereist Kailash den gesamten Globus und gibt Konzerte. Um sein hohes Leistungspensum durchhalten zu können, benötigt er eine vitalstoffreiche Nahrung sowie tägliche Meditation und Qi-Gong-Übungen, die ihn fit halten und einen klaren Geist schenken. Kailash ist Vegetarier und ernährt sich seit seinem dreizehnten Lebensjahr konsequent biologisch. Superfood-Smoothies schenken ihm schier endlose Energie und eine ungewöhnlich schnelle Regenerationsfähigkeit.

Köstlichkeit für zwei

Superfood-Zutaten: Kokosmus, Maca, Acerola, Camu Camu, Makao-Trinkmischung, Kakaobutter, Kakaobohnen

Zutaten untere Schicht:
1 Banane
1 Spritzer Zitronensaft
2 gehäufte EL Kokosmus
2 gehäufte TL Maca-Pulver
1 Prise Zimt
250 ml Wasser

Zutaten obere Schicht:
150 g gefrorene Himbeeren
2 gehäufte TL Acerola-Pulver oder 1 gestrichenen TL Camu-Camu-Pulver
2 gehäufte TL Makao-Trinkmischung (von *Pure Raw*)
3 gehäufte EL rohe Kakaobutter
5 rohe Kakaobohnen
2 EL Kokosblütenzucker
ggf. ein wenig Wasser

Ergibt ca. 500 Milliliter Smoothie

Zubereitung untere Schicht: Die Banane schälen und in Stücke schneiden. Alle Zutaten in den Mixer geben und gut pürieren, bis eine leckere cremige Konsistenz erreicht ist. Zwei Gläser (300 Milliliter) bereitstellen und jeweils zu zwei Dritteln mit der Bananen-Kokos-Crème füllen.

Zubereitung obere Schicht: Alle Zutaten in den Mixer geben und gut pürieren. Die gefrorenen Himbeeren erwärmen Sie am besten vorher leicht, damit die Kakaobutter beim Mixen ganz flüssig wird. Sollten trotzdem noch feste Kakaobutterstücke in der Masse sein, können Sie die Himbeer-Kakaobutter in einer kleinen Schüssel in ein warmes Wasserbad geben und so lange rühren, bis die Kakaobutter ganz geschmolzen ist. Die Himbeer-Kakaobutter sollte so cremig wie ein feiner Smoothie sein. Gießen Sie nun die Masse in die Gläser auf die Bananen-Kokos-Crème. Es bildet sich keine „zweite, getrennte Schicht", denn beide Smoothies sind sehr flüssig. Es ist sozusagen ein Smoothie im Smoothie – mit erstaunlichem Geschmackspotenzial. Genießen Sie ihn!

Doppeldecker Spezial

Superfood-Zutaten: Gerstengras und Maca

Zutaten untere Schicht:
2 gehäufte EL Gerste, gemahlen
200 ml Wasser
2 EL Sesamsaat
2 TL Honig
1 EL Maca-Pulver

Zutaten obere Schicht:
150 g gefrorene Blaubeeren
½ Avocado
2 EL Gerstengras-Pulver
Saft von ½ Zitrone
2 TL Honig
150 ml Wasser

Ergibt ca. ½ Liter Smoothie

Zubereitung untere Schicht: Die gemahlene Gerste über Nacht in 200 Millilitern Wasser ziehen lassen und zusammen mit den anderen Zutaten im Mixer cremig pürieren. Zwei Gläser jeweils zur Hälfte mit dem Smoothie füllen. Den Mixbehälter müssen Sie für die Zubereitung der nächsten Schicht nicht auswaschen.

Zubereitung obere Schicht: Die Avocado halbieren, den Kern entfernen, das Fruchtfleisch einer Hälfte mit einem Löffel aus der Schale heben und in den Mixer geben. Die gefrorenen Blaubeeren zusammen mit den anderen Zutaten dazugeben und das Ganze cremig pürieren. Die fertige Smoothiecrème langsam auf die erste Schicht gießen. Servieren Sie diesen Smoothie in einem schönen Glas. Guten Appetit!

Verzehr-Empfehlung: Genießen Sie diesen Smoothie mit einem Löffel

Feigen-Himbeer-Genuss

Superfood-Zutat: Acerola

Zutaten untere Schicht:
Bananen-Feigen-Crème
½ Banane
3 frische Feigen
1 TL Acerola-Pulver
100 ml Mandelmilch

Zutaten obere Schicht:
Himbeercrème
150 g gefrorene Himbeeren
3 EL roher Agavendicksaft
100 ml Wasser

Ergibt ca. 300 Milliliter festen Smoothie

Zubereitung untere Schicht: Die Banane halbieren, schälen und eine Hälfte in Stücke schneiden. Die Feigen waschen und vierteln. Alle Zutaten in den Mixer geben und so lange pürieren, bis eine leckere cremige Konsistenz erreicht ist. Zwei Gläser jeweils zur Hälfte mit der Bananen-Feigen-Crème füllen. Den Mixbehälter müssen Sie für die Zubereitung der nächsten Schicht nicht auswaschen.

Zubereitung obere Schicht: Geben Sie alle Zutaten in den Mixer und pürieren Sie die Himbeeren so lange, bis eine leckere cremige Konsistenz erreicht ist. Gießen sie die fertige Himbeercrème auf die Bananen-Feigen-Crème.

Dekoration: Geben Sie 1 Spritzer Agavendicksaft und 1 frische Himbeere auf die fertige Creme.

Verzehr-Empfehlung: Genießen Sie diesen Smoothie mit einem Löffel zusammen mit Ihrer/m Liebsten.

Fettreiche Variationen

Der Lubrikator

Die Bezeichnung „Lubrikator“ kommt vom englischen Verb *to lubricate*, was „einschmieren“ bedeutet. Der Lubrikator wurde von Christian Dittrich-Opitz entwickelt und ist ein Fettgetränk, mit dessen Hilfe wir rohe gesättigte Fette in ausreichendem Maß zu uns nehmen können. Diese gesättigten Fette sind ein wesentlicher Bestandteil einer gesunden Ernährung, die den Körper mit allem versorgt, was er täglich braucht. Der Lubrikator ist eine eigenständige Mahlzeit und sollte auf nüchternen Magen genossen und gründlich eingespeichelt werden.

Gesund ist es außerdem, wenn Sie sich richtig hungrig werden lassen und tagsüber nur dann grüne Smoothies und Lubrikatoren zu sich nehmen, wenn Sie wirklich Hunger verspüren. (Hunger ist ein gesundes Körpergefühl und Sie sollten ihm nicht mehrmals täglich mit schwer verdaulichem Essen begegnen.) Abends können Sie dann eine größere Mahlzeit oder ein gekochtes Essen zu sich nehmen, wenn Sie hinterher genügend Zeit zum Entspannen haben.

Wichtiger Hinweis: Aufgrund seiner rohköstlichen Qualität eignet sich der Lubrikator nicht als Dessert nach gekochten Mahlzeiten.

Grundrezept

Lubrikator

Christian Dittrich-Opitz

Superfood-Zutat: Kokosmus

Zutaten:
2 rohe Eier
Saft von ½ Zitrone
3 EL Kokosmus
1 EL Honig

Ergibt ca. 200 Milliliter Lubrikator

Zubereitung: Alle Zutaten in den Mixer geben und so lange pürieren, bis die Masse eine leckere cremige Konsistenz hat.

Hinweis: Der Lubrikator wird ohne Wasser zubereitet. Er hat die Konsistenz einer Crème und wird mit dem Löffel gegessen.

Christian Dittrich-Opitz

Christian fiel bereits in früher Kindheit durch seine Hochbegabung und sein leidenschaftliches Interesse an den Naturwissenschaften auf. Schon seit seinem dreizehnten Lebensjahr beschäftigt er sich mit Naturheilkunde und Ernährungslehren. Seit 1990 gibt er seine Entdeckungen in Vorträgen, Seminaren und Publikationen weiter. Er entwickelte das ganzheitliche Lernsystem „Lernen wie ein Genie" und die „Befreite Ernährung", die die Quintessenz seiner 27-jährigen Forschung zum Thema „Ernährung" darstellt. Ein wesentlicher Bestandteil der Befreiten Ernährung ist neben dem grünen Smoothie der Lubrikator, der es uns auf sehr leckere Weise ermöglicht, täglich rohe gesättigte Fette in ausreichendem Ausmaß zu uns zu nehmen.
Als spiritueller Mensch geht Christian in seiner Arbeit jedoch weit über den Bereich der Ernährung hinaus. Er hat daher auch ein Buch über „Befreite Atmung" geschrieben und erforscht gegenwärtig intensiv das Thema „Lebensenergie". Er gibt sein immenses Wissen unter anderem auch durch eine einjährige Ausbildung zum „Berater für Bioelektrische Gesundheit" weiter, die man bei ihm absolvieren kann.

Tropischer Traum

Christian Dittrich-Opitz

Superfood-Zutat: Kokosnuss

Zutaten:

1 reife Mango
½ Ananas
1 Kokosnuss-Pagode
2 rohe Eier

Ergibt ca. ½ Liter Lubrikator

Zubereitung: Die Mango schälen, halbieren, den Kern entfernen und das Fruchtfleisch in Stücke schneiden. Die Ananas halbieren, die eine Hälfte schälen und in kleine Stücke schneiden. Die Kokosnuss-Pagode aufschneiden, das Fruchtwasser in den Mixer gießen, das Fruchtfleisch zerkleinern und zusammen mit den Früchten ebenfalls in den Mixer geben. Die Eier aufschlagen und Eigelb und Eiweiß in den Mixer geben. Das Gerät kurz auf niedrigster Stufe starten und das Ganze dann auf höchster Stufe so lange pürieren, bis es schön cremig ist.

Tipp: Bei warmem Wetter genießen!

Gehirnwecker

Christian Dittrich-Opitz

Spezielle Zutat: Rohmilchbutter

Zutaten:

2 Äpfel
2 rohe Eier
2 Tropfen essenzielles Pfefferminzöl
3 EL Rohmilchbutter

Ergibt ca. ½ Liter Lubrikator

Zubereitung: Den Apfel waschen und vierteln, dabei Stiel und Kerngehäuse entfernen. Zusammen mit den anderen Zutaten in den Mixer geben und das Ganze so lange pürieren, bis es eine leckere cremige Konsistenz hat.

Tipp: Dieser Smoothie ist der ideale Kick, wenn Sie eine extra Portion Power fürs Gehirn brauchen!

Wärmespender

Christian Dittrich-Opitz

Superfood-Zutat: Kokosmus

Zutaten:
1 Banane
1 Birne
3 EL Kokosmus
2 rohe Eier
1 Stück frischer Ingwer
1 Prise Chili

Ergibt ca. ½ Liter Lubrikator

Zubereitung: Die Banane schälen und in Stücke schneiden. Die Birne waschen und vierteln, dabei Stiel und Kerngehäuse entfernen. Zusammen mit den anderen Zutaten in den Mixer geben und so lange pürieren, bis das Ganze eine leckere cremige Konsistenz hat.

Tipp: Eine sehr gute Mischung für die kalte Jahreszeit oder kälteempfindliche Menschen.

Veganer Lunch

Burkhard Hickisch

Superfood-Zutat: Hanfsamen

Zutaten:
1 Banane
2 Kaki
4 EL geschälte Hanfsamen
½ TL Kardamom-Pulver

Ergibt ca. ½ Liter Lubrikator

Zubereitung: Die Banane schälen und in Stücke schneiden. Die Kakis waschen und vierteln, dabei den Stielansatz entfernen. Alle Zutaten in den Mixer geben und so lange pürieren, bis das Ganze eine leckere cremige Konsistenz hat.

Tipp: Dies ist ein köstliches und leichtes, aber sättigendes Mittagessen.

Milans Number One

Superfood-Zutaten: Kokosöl, Kokosmus, Astragalus

Zutaten:
2 rohe Eier
Saft von 1 Zitrone
1 EL roher wilder Honig
½ TL Kardamon-Pulver
1 TL Zimt-Pulver
1 EL Kokosöl
2 EL Kokosmus
1 EL Astragalus-Pulver

Zubereitung: Alle Zutaten in den Mixer geben und so lange pürieren, bis der Drink eine leckere cremige Konsistenz hat.

Tipp: Sie können als Variation noch mehr frisch gepressten Zitronensaft verwenden.

Vegane Alternativen zur Milch

Als Alternative zu tierischer Milch können Sie mit einem leistungsstarken Mixer auch „Milch“ aus Nüssen und Samen herstellen. Diese Milch können Sie bei manchen Rezepten auch anstelle von Wasser zur Herstellung Ihres Smoothies verwenden.

Grundrezept 1:

Frische Lucuma-Mandelmilch

Superfood-Zutat: Lucuma

Zutaten:
300 g Mandeln
1 gehäufter TL Lucuma-Pulver
500 ml Wasser

Ergibt ca. ½ Liter Flüssigkeit

Zubereitung: Geben Sie die Mandeln und das Wasser in den Mixer und pürieren Sie das Ganze so lange auf höchster Stufe, bis es eine sahnige Konsistenz hat. Falls die Milch nach dem Mixen noch zu dickflüssig sein sollte, fügen Sie einfach mehr Wasser hinzu. Wenn die Milch zu flüssig ist bzw. zu wässrig schmeckt, geben Sie einfach noch ein paar Mandeln hinzu. Passieren Sie die Mandelmilch nun durch ein Mulltuch oder ein feines Sieb. Anschließend füllen Sie die fertige Milch wieder in den Mixer, fügen das Lucuma-Pulver hinzu und quirlen das Ganze noch einmal kurz durch.

Tipps: Bewahren Sie die Milch in einer Glasflasche im Kühlschrank auf und verbrauchen Sie sie innerhalb von 2 Tagen.
Auch wenn Sie keinen so starken Mixer haben, ist es sinnvoll, die Mandeln über Nacht einzuweichen und in eingeweichtem Zustand kurz vor Gebrauch mit den Fingern zu häuten. Durch das Einweichen können Sie die zimtbraune Haut sehr leicht abziehen. Mit gehäuteten Mandeln wird die Milch noch sahniger und hat eine bessere Textur.

Grundrezept 2:

Frische Hanfsamenmilch

Superfood-Zutat: Hanfsamen

Zutaten:
5 EL geschälte Hanfsamen
500 ml Wasser

Ergibt ca. ½ Liter Flüssigkeit

Zubereitung: Geben Sie die Hanfsamen und das Wasser in den Mixer und pürieren Sie die Mischung so lange auf höchster Stufe, bis sie eine sahnige Konsistenz hat. Falls die Milch noch zu dickflüssig ist, fügen Sie einfach mehr Wasser hinzu. Wenn die Milch zu flüssig ist bzw. zu wässrig schmeckt, geben Sie einfach noch ein paar Hanfsamen dazu.

Variation: Nehmen Sie mehr Hanfsamen und weniger Wasser, um eine Hanfsamensahne herzustellen.

Tipps: Die Hanfsamenmilch ist nicht nur lecker und gesund, sie ist sie eine ideale Basis für Superfood-Smoothies. So können Sie allein mit Hanfsamenmilch und einem einzigen Superfood bereits ein stärkendes, belebendes Getränk zaubern.

Hinweis: Hanfsamen mit Schale eignen sich weniger gut zur Herstellung von Hanfsamenmilch. Wenn Sie doch ungeschälte Samen verwenden, sollten Sie das fertige Gemisch durch ein Mulltuch oder ein feines Sieb passieren.

Grundrezept 3:

Frische Kokosmilch

Superfood-Zutat: Kokosnuss

Zutaten:
Fruchtfleisch von 1 frischen Kokosnuss
500 ml Wasser

Ergibt ca. ½ Liter Flüssigkeit

Zubereitung: Kokosfleisch und Wasser in den Mixer füllen. Das Ganze so lange auf höchster Stufe pürieren, bis es eine sahnige Konsistenz hat. Geben Sie die entstandene Mischung durch ein Mulltuch in einen zweiten Behälter. Voilà, schon haben Sie frische Kokosmilch der Extraklasse!

Variation: Eine frische Kokosnuss-Pagode ist von Natur aus reich an Fruchtwasser. Sie können daher Fruchtwasser und Fruchtfleisch direkt im Mixer pürieren und so eine sahnige Kokosmilch kreieren. Hierfür benötigen Sie keinerlei zusätzliches Wasser.

Grundrezept 4:

Ayurvedische Hanfsamen-Gewürzmilch

Superfood-Zutat: Hanfsamen

Zutaten:

1 gestrichener TL Kurkuma
1 gestrichener TL Ingwer-Pulver
1 Prise gemahlene Koriandersamen
1 Prise Stevia-Pulver
5 EL geschälte Hanfsamen
500 ml Wasser

Ergibt ca. ½ Liter Flüssigkeit

Zubereitung: Geben Sie alle Zutaten in den Mixer und pürieren Sie das Ganze so lange auf höchster Stufe, bis es eine sahnige Konsistenz hat und sich alle Gewürze gut mit dem Wasser verbunden haben. Falls die Gewürzmilch noch zu dickflüssig ist, fügen Sie einfach mehr Wasser hinzu. Wenn die Milch zu flüssig ist bzw. zu wässrig schmeckt, geben Sie einfach noch ein paar Hanfsamen dazu.

Nachwort

In welcher Form Sie Superfoods auch immer in Ihren Alltag einschließen, sie sind meiner Meinung nach der beste Weg, sich gesund zu ernähren und ein glückliches Leben zu führen. Es erscheint immer mehr Literatur über Superfoods und so wird es Ihnen immer leichter gemacht, sich ausreichend zu informieren. Vor wenigen Jahrzehnten war die Beschaffung von Informationen noch nicht so leicht, da es noch nicht so viele frei zugängliche Medien gab. Außerdem war die Technologie noch nicht so weit, um besondere Superfoods in Rohkost-Qualität zu verarbeiten und sie weltweit verfügbar zu machen. Zudem liefern uns die wissenschaftlichen Erkenntnisse und Messmethoden heute viel mehr Informationen über die Inhaltsstoffe unserer Nahrung.

Als vor vielen Jahrhunderten die alten Meister und Schamanen die Einzigen waren, die über das Wissen von besonderen Kräutern und Superfoods zur Verlängerung des Lebens und zur Verbesserung der Gesundheit verfügten, war es auch für deren Schüler nicht leicht, an dieses Wissen heranzukommen. Die Schüler mussten erst über lange Zeit Loyalität und Geduld beweisen, um es aus Sicht der Meister überhaupt wert zu sein, in den Genuss des „geheimen" Wissens" zu gelangen. In unserer Zeit können wir all dieses Wissen in Sekundenschnelle im Internet abrufen und so tragen wir die Verantwortung für unser Wissen bzw. Unwissen selbst. Es gibt keine Ausreden mehr dafür, nicht die Verantwortung für die eigene Gesundheit und Fitness übernehmen zu können. Was für ein Privileg!

Es gibt viele Online-Rohkost-Blogs, kostenlose Newsletter-Abonnements, Rohkost-Zeitschriften, Wildkräuterwanderungen in der Umgebung, Superfood-Events und Rohkost-Veranstaltungen weltweit sowie zahlreiche Internet-Versandhandel für Superfoods und Rohkost, die es jedem ermöglichen, mehr für sich zu tun und die eigene Lebensqualität zu steigern. Genuss, Freude und Gesundheit gehen miteinander einher. Lassen Sie uns gemeinsam nachhaltig genießen – für uns, für die Erde und für die nachfolgenden Generationen … jeden Tag. Wir erschaffen unser Leben und die Umstände in der Welt selbst, jetzt und in jedem einzelnen Augenblick durch jede einzelne unserer Entscheidungen. Der Konsument hat die Macht. Sie haben die Macht, zu jeder Zeit.

Anhang

Anmerkungen

1 Literatur vom Autor finden Sie unter „Literaturempfehlungen" im Anhang dieses Buches (Seite 176 ff.)

2 Christian Dittrich-Opitz in einem Textbeitrag für den Autor

3 Nach Claus Leitzmann, *Vegetarismus. Grundlagen, Vorteile, Risiken.* C.H. Beck Verlag, 2012

4 Christian Dittrich-Opitz in einem Textbeitrag für den Autor

5 Unter „natürlichen Nahrungsergänzungen" verstehe ich all die hier erwähnten Wildkräuter und Superfoods. Ich bezeichne diese auch als „natürliche Nahrungsergänzung", da sie für die meisten Menschen eine Ergänzung ihres normalen Speiseplans darstellen.

6 Siehe unter *http://gruenesmoothies.de/blog.php/kategorie/wildkraeuter*

7 Nach einem unveröffentlichten Text von Christian Dittrich-Opitz

8 Dr. Jörg Ullmann in einem Textbeitrag für den Autor

9 Dr. Jörg Ullmann in einem Textbeitrag für den Autor

10 Alle in diesem Kapitel aufgeführten Wirkungen wurden in wissenschaftlichen Publikationen veröffentlicht. Es wird hier allerdings kein Anspruch auf Vollständigkeit erhoben. Obwohl viele der Wirkungen in Fallbeispielen demonstriert werden konnten, sind viele dieser Studien als „vorläufig" einzustufen und wissenschaftlich teilweise (noch) nicht vollständig abgesichert!

11 Siehe unter *www.nutraingredients.com/Research/Study-warns-against-sale-of-toxic-algae-supplements/?utm_source=newsletter_daily&utm_medium=email&utm_campaign=Newsletter%2BDaily&c=cA9bjxYFZR9joeQsnKXW1bQiDQX6%2B%2B8V*

12 Quelle: Gemeinsame Pressemitteilung des Bundesinstituts für Arzneimittel und Medizinprodukte (BfArM) sowie des Bundesinstituts für gesundheitlichen Verbraucherschutz und Veterinärmedizin (BgVV); 08/2002. Siehe hierzu auch unter *http://ehpnet1.niehs.nih.gov/docs/2000/108p435-439gilroy/abstract.html.* Laut dieser amerikanischen Studie war der Gehalt in über 70 Prozent der untersuchten Proben so hoch, dass die täglich tolerierbare Aufnahmemenge bei einer empfohlenen täglichen Verzehrsmenge von 2 Gramm Algen zum Teil erheblich überschritten wurde. Da Nahrungsergänzungsmittel täglich über einen längeren Zeitraum konsumiert werden, ist bei einer chronischen Belastung des Organismus mit derart großen Microcystin-Mengen eine Gefährdung der Gesundheit nicht auszuschließen.

13 Siehe auch Ullmann & Ecke: „Chlorella vulgaris – Pflanzliche Quelle für hochkonzentriertes und bioverfügbares Vitamin B_{12}", in *OM & Ernährung*, Nr. 137, 2011

14 Der Mineraliengehalt hängt vom Kultivationsmedium ab, der Fettsäuregehalt von den Kultivationsbedingungen.

15 Quelle: *www.vitamine-lexikon.de*

Register der Rezepte

Bezugsquellen für Superfoods, Rohkost & mehr

Superfoods und Mixer können Sie ganz einfach im Internet bestellen. Besuchen Sie Rohkostmessen wie die Rohvolution (*www.rohvolution.de*), die viermal im Jahr in Berlin, Freiburg, Speyer und Mülheim a. d. Ruhr stattfindet, um mehr über Superfoods und eine rohköstliche Ernährungsweise zu erfahren. Nehmen Sie an Wildkräuterwanderungen teil, um die grünen Superfoods näher kennenzulernen.

Superfoods bestellen

Superfoods von A bis Z (inkl. Mikroalgen):

www.pureraw.de
www.keimling.de
www.healthxl.de
www.regenbogenkreis.de/shop (hat Regenwaldkräuter!)
www.organicfoodbar.de
www.naturya.com

Superfoods in Pillenform, pflanzliches Vitamin D, flüssiges Zeolith:

www.touchstoneessentials.com
www.francesundmilan.mytouchstoneessentials.com

Fertige Superfood-Smoothies bestellen:

www.gosuperfood.de

Kokosöl und Kokosmus:

www.virgin-coconut-oil.de

Roher Kakao und rohe Schokolade:

www.sacredchocolate.com
www.rohschoko.de

Rohkost-Leckereien und Früchte:

www.topfruits.de
www.orkos.de
www.lifefood.de

Wildkräuter:

www.germanygoesraw.de/superheroes/kuehne-gedichte/
www.wildpflanzenliebe.wordpress.com

Hochleistungsmixer bestellen

www.gruenesmoothies.de
www.keimling.de
www.vital-energy.eu

Seminare, Netzwerke und Informationen zum Thema „Rohkost“

Heike Michaelsen: *www.germanygoesraw.de*
www.zentrum-der-gesundheit.de

Literaturempfehlungen

Rohkost und Smoothies

Boutenko, Victoria: *Der grüne Zaubertrank*, Hans-Nietsch-Verlag (Kinderbuch), Emmendingen 2013

Boutenko, Victoria: *Green for Life – Grüne Smoothies nach der Boutenko-Methode*, Hans-Nietsch-Verlag, Emmendingen 2009

Boutenko, Victoria: *Grüne Smoothies – lecker, gesund & schnell zubereitet*, Hans-Nietsch-Verlag, Emmendingen 2010

Clement, Dr. Brian: *Wunderlebensmittel - Mit dem bewährten Hippocrates-Programm Lebenskraft tanken - Für Gesundheit und Vitalität bis ins hohe Alter*, Hans-Nietsch-Verlag, Emmendingen 2012

Cousens, Gabriel: *Die Kunst der Zubereitung lebendiger Nahrung*, Hans-Nietsch-Verlag, Emmendingen 2012

Guth, Dr. med. Christian, und Hickisch, Burkhard: *Grüne Smoothies – Die supergesunde Mini-Mahlzeit aus dem Mixer*, Gräfe und Unzer (GU-Gesundheitsratgeber), München 2012

Guth, Dr. med. Christian; Hickisch, Burkhard, und Dobrovicova, Martina: *Grüne Smoothies*, Gräfe und Unzer (GU-Küchenratgeber), München 2013

Kirk, Mimi: *Rohköstlich leben*, Hans-Nietsch-Verlag, Emmendingen 2012

Mutter, Dr. med. Joachim: *Grün essen! Die Gesundheitsrevolution auf Ihrem Teller*, VAK-Verlag, Kirchzarten 2012

Petri, Britta Diana: *Zauberhafte Mandelmus-Rezepte*, Schirner, Darmstadt 2012

Reinle-Carayon, Nelly: *RohKöstlich – 50 Rezepte*, Pfälzer Medienkontor, Otterstadt 2008

Reinle-Carayon, Nelly: *RohKöstlich ... aus Frankreich – Ein kulinarischer Streifzug durch die französische Vitalkostküche*, Pfälzer Medienkontor, Otterstadt 2010

Virtue, Doreen, und Ross, Jenny: *Rohkost – Himmlische Vital-Rezepte für Gourmets*, Koha-Verlag, Burgrain 2010

Wignall, Judita: *Going Raw (deutsch)*, Hans-Nietsch-Verlag, Emmendingen 2012

Wolfe, David: *Eating for Beauty*, North Atlantic Books, Berkeley 2003

Fünf-Elemente-Lehre und chinesische Heilkräuter

Leggett, Daverick: *Selbstheilung durch Ernährung – Rezepte für die Harmonie von Yin und Yang,* Goldmann, München 2011

Teeguarden, Ron: *Radiant Health – The Ancient Wisdom of the Chinese Tonic Herbs,* Warner, New York 1998

Regenwaldkräuter aus dem Amazonasgebiet

Taylor, Leslie: *The Healing Power of Rainforest Herbs: A Guide to Understanding and Using Herbal Medicinals,* Square One Publication, Garden City Park 2005

Wildkräuter

Brosius, Ralf: *Wildkräuter - meine Lebensretter aus der Natur,* Kösel, München 2012

Fleischhauer, Steffen G., u. a.: *Essbare Wildpflanzen: 200 Arten bestimmen und verwenden,* AT Verlag, Aarau 2007

Paume, Marie-Claude: *Grün, wild und schmackhaft,* Hans-Nietsch-Verlag, Emmendingen 2011

Superfoods

Baginski, Bodo J., und Sharamon, Shalila: *Goji – Die ultimative Superfrucht mit dem großen Nährstoffprofil,* Windpferd, Oberstdorf 2013

Simonsohn, Barbara: *Gerstengrassaft – Verjüngungselixier und naturgesunder Power-Drink,* Windpferd, Oberstdorf 2012

Weiss, Thorsten: *Superfoods – Iss dich vital, gesund und schön,* Schirner, Darmstadt 2013

Wolfe, David: *Chaga – King of the Medicinal Mushrooms,* North Atlantic Books, Berkeley 2012

Wolfe, David: *Superfoods – The Food and Medicine of the Future,* North Atlantic Books, Berkeley 2009

Rohe Schokolade/roher Kakao

Petri, Britta Diana, und Weiss, Thorsten: *Roh-Schokolade - Super Food und Aphrodisiakum,* Schirner, Darmstadt 2013

Wolfe, David: *Naked Chocolate – The Astonishing Truth About the World's Greatest Food,* North Atlantic Books, Berkeley 2005

Stevia

Goettemoeller, Jeffrey: *Stevia – das Rezeptbuch,* Hans-Nietsch-Verlag, Emmendingen 1998

Simonsohn, Barbara: *Stevia – sündhaft süß und urgesund,* Windpferd, Oberstdorf 2012

Vegetarische und vegane Ernährungsweise

Cousens, Gabriel: *Vier Schritte zur bewussten Ernährung – Der Weg zu Gesundheit und Transformation,* Hans-Nietsch-Verlag, Emmendingen 2013

Leitzmann, Claus: *Vegetarismus – Grundlagen, Vorteile, Risiken,* C. H. Beck, München 2012

Opitz, Christian: *Befreite Ernährung – Wie der Körper uns zeigt, welche Nahrung er wirklich für Gesundheit und Wohlbefinden braucht,* Hans-Nietsch-Verlag, Emmendingen 2010

Und noch ein wenig Theorie

Candida, Darmpilz & Co.

„*Candida albican*s ist ein Hefepilz. Ist die Bakterienflora des Menschen gestört, so kann der Pilz überwuchern. In diesem Fall spricht man von Soor (bei Betroffenheit der Mundschleimhaut) oder einer *Candidose*. Krankhaftes Überwuchern von Candida kann u. a. im Darm und am Darmausgang, in den Atmungsorganen, an den Schleimhäuten der Augen, an den Zähnen, im Harntrakt, im Genitalbereich, im Mund, an der Haut und im Nagelbereich auftreten. Ein Candida-Befall außerhalb des Darms hängt oft mit einer Darmcandidose zusammen."*

Candida kann eine Reihe von Symptomen hervorrufen, wie zum Beispiel Blähungen, verschwommenes Denken, unklares Gedächtnis, Depression, Durchfall, Erschöpfung, Mundgeruch, Menstruationsbeschwerden, Soor, chronischen Scheidenpilz und Nagelpilz.

Antibiotika und zu viel Zucker

Antibiotika töten neben krankheitsauslösenden auch viele gute Bakterien im Darm und können auf diese Weise dazu beitragen, dass sich Candida noch weiter im Körper verbreitet. In vielen Fällen haben Menschen, die an Candida erkrankt sind, in der Vergangenheit Antibiotika eingenommen. Candida ist in der Regel auch vorhanden, wenn eine Quecksilbervergiftung vorliegt. Daher können die Symptome von Candida nachlassen, wenn im Körper eine Ausleitung der Schwermetalle durchgeführt wurde.

Mit der richtigen Ernährung, mit Kräutern, Superfoods und dem Verzicht auf Zucker können Sie einer Candida-Erkrankung wirksam vorbeugen. Ein Mensch, in dessen Körper sich Pilze angesiedelt haben, sollte wenig bis gar keine Zucker (dazu gehören unter anderem auch Honig und Kokosblütenzucker, Agavennektar und der in den Früchten enthaltene Zucker) in seine Smoothies geben. Vor allem sollte er aber auch generell die Kombination von Zucker und Fett in seiner Ernährung vermeiden. Die einzigen mir bekannten Fette, die dabei helfen können, Candida und andere Pilze zu beseitigen, sind

* Quelle: *www.candida-info.de*

frisches kalt gepresstes Leinöl (oder frisch gemahlene Leinsaat) und Kokosöl, weil sie beide antifungale und entzündungshemmende Eigenschaften besitzen.

Die Ernährungsexperten David Wolfe und Dr. Gabriel Cousens sind der Ansicht, dass die Hauptursache für Candida ein zu hoher Zuckerkonsum sei. Aus diesem Grund empfehlen sie eine Ernährungsweise, die auf Nahrungsmitteln basiert, die einen niedrigen glykämischen Index haben.

Tipp: Früchte sparsam verwenden

Als Alternative zu Früchten und Zucker eignet sich Stevia hervorragend! Wie bereits erwähnt, sollten Sie bei den Smoothies so wenig Früchte wie möglich verwenden und sogar Rezepte gänzlich ohne Früchte ausprobieren. Zum Andicken fruchtfreier Smoothies bieten sich Avocado, Leinsamen sowie in Wasser geweichte Chiasamen oder deren Sprossen an – als Ersatz für die „bindenden" und cremig machenden Früchte. Auch mit Reisprotein-Pulver und Hanfprotein-Pulver können Sie ohne Früchte und Süßungsmittel einen leckeren Superfood-Smoothie zaubern. Verwenden Sie hierfür Mandelmilch oder Hanfsamenmilch als Grundlage.

Zutaten für Smoothies, die gegen Candida wirken:

- Acai-Pulver
- Acerola-Pulver
- Camu-Camu-Pulver
- Chaga-Vitalpilz als abgekochten Tee oder direkt als Pulver
- Gapefruitkerne, Grapefruitkern-Extrakt und Grapefruitschale von ungespritzten Grapefruits
- Gojibeeren

- Kurkuma-Pulver
- „Sangre de Drago" – Drachenblutbaumharz (als Pulver oder Tropfen)
- Traubenkernmehl von roten Trauben

Schwermetalle lassen sich gut mit flüssigem Zeolit und/oder Chlorella ausleiten.

Vermeiden Sie bei Candida-Befall:

- erhitzte Pflanzenöle und Fette
- stärkehaltige Lebensmittel wie Brot, Kartoffeln, Nudeln und Kekse
- Zucker

Empfehlenswerte Lebensmittel bei Candida-Befall:

- Algen
- Avocado, Paprika (außer grüne Paprika), Cranberries, Gurke, Grapefruit, Zitrone, Oliven (nicht aus der Dose), Kürbis, saure Äpfel, Tomaten, Zucchini
- generell hauptsächlich rohes grünes Gemüse
- Getreidesprossen und Gräser, wie z. B. zum Beispiel Gerste, Quinoa, Wildreis und Roggen,
- grüne Säfte
- hin und wieder eingeweichte Nüsse und Samen
- Oregano, Knoblauch, frischer Koriander, Petersilie
- rohe Kakaobohnen/rohe Kakaobutter/rohes Kakaopulver
- rohes Kokosöl, frisches rohes Leinöl
- stärkefreie Gemüse wie Brokkoli, Blumenkohl, Spargel und Artischocken
- Superfoods: marines Phytoplankton, Spirulina, Gerstengras, Chlorella
- wenig bis gar keine Früchte, keine süßen Früchte, bestenfalls Beeren

Um eine gesunde Darmflora aufzubauen, empfehle ich:

- gesunde Probiotika (*Lactobacillus acidophilus, Bifidus infantis, Lactobacillus salivarius, Lactobacillus plantarum, Lactobacillus bulgaricus* etc.);
- Spirulina, denn es fördert gesunde Bakterien im Darm und trägt so dazu bei, das Wachstum von Candida unter Kontrolle zu halten, und
- außerdem viel Sonne und frische Luft!

Antiviral, antifungal und entzündungshemmend – die Wirkung von Kräutern aus dem Regenwald

Leslie Taylor hat einen großen Beitrag zur Wertschätzung für Regenwaldkräuter geleistet. Ihr Buch *The Healing Power of Rainforest Herbs* bietet einen sehr guten Überblick über die wichtigsten Regenwaldkräuter und deren Eigenschaften und Wirkungsweisen. Bei Problemen mit Zucker, Parasiten oder Pilzen empfiehlt sie die folgenden Regenwaldpflanzen:

- Anamu (*Petiveria alliacea*)
- Chanca Piedra (*Phyllanthus niruri*)
- Fedegoso (*Cassia occidentalis*)
- Frucht sowie Blätter von Graviola (*Anoona muricata*)
- Jatobá Rinde (*Hymenaea courbaril*)
- Katzenkralle/Una de Gato (*Uncaria tomentosa*)
- Pau d'Arco-Rinde (*Tabebuia impetiginosa*)
- Picao Preto (*Bidens pilosa*)
- Sarsparilla-Wurzel (*Smilax officinalis*)

Diese Kräuter können Sie auch als Tee zubereiten, sowohl mit unter 42 °C erhitztem Wasser als auch mit gekochtem Wasser. Manche Kräuter geben wertvolle Inhaltsstoffe erst durch sprudelndes Kochen in das Wasser ab. Ein Abkochen führt außerdem zu Keimfreiheit. Rohköstler, die ihr Wasser nicht über 42 °C erhitzen, sollten unbedingt gefiltertes Wasser verwenden, weil dadurch mehr Inhaltsstoffe in das Wasser abgegeben werden. Den abgekühlten Tee können Sie auch als flüssige Zutat für Ihren Superfood-Smoothie verwenden!

Detaillierte Informationen über eine zuckerarme, rohköstliche Anti-Candida-Diät finden Sie in Dr. Gabriel Cousens Buch *Rainbow Green Live-Food Cuisine.*

Fruktose: Was ist hier das richtige Maß

Für den langfristigen Smoothie-Genuss sollten Sie die Früchte in Ihrem Smoothie immer mehr reduzieren und bevorzugt mit Stevia und Birkensüß oder mit Yaconsirup – wenn er offiziell zugelassen ist – süßen. Grünpflanzen und Superfoods dürfen Sie hingegen in gewohntem Maße und auf Dauer in Ihren Smoothie geben. Viele Grünpflanzen in Ihren Speiseplan aufzunehmen – auch abseits von den grünen Smoothies –, das ist sehr zu empfehlen.

Dr. med. Joachim Mutter weist in seinem Buch *Grün essen* darauf hin, dass Fruktose trotz niedrigem glykämischem Index zu ansteigenden Blutfettwerten und zu einer höheren Produktion des gesundheitsschädlichen LDL-Cholesterin führen könne. Zusätzlich entstehe bei der Verstoffwechselung von Fruktose Harnsäure, die wiederum zur Übersäuerung des Körpers beitrage sowie Nierenschäden, Blutgefäßverkalkungen und Gicht verursachen könne. Dr. Mutter schreibt:

„Für Gesunde wird empfohlen, pro Tag nicht mehr als 15 bis 25 Gramm Fruktose zu essen. So viel ist in zwei Datteln, zwei Bananen, anderthalb Äpfeln oder in einer halben Mango enthalten. In erhitztem Obst wird die Fruktose noch schneller vom Körper aufgenommen. Da erhitztes Obst und auch Obstsäfte eine gesunde Ernährungsweise schwer verdaulich machen können, sollten sie von empfindlichen Menschen weitgehend gemieden werden. Durch den Verarbeitungsprozess wird in manchen Früchten auch an Pectin gebundenes Methanol frei. Methanol (Fuselalkohol) ist etwa 8000-fach giftiger als Ethanol (Alkohol).“*

Beherzigen Sie also Dr. Mutters Empfehlung, um auch langfristig Freude an Ihren Superfood-Smoothies zu haben.

* Mit freundlicher Genehmigung entnommen aus: Dr. med. Joachim: *Grün essen. Die Gesundheitsrevolution auf Ihrem Teller.*, VAK, Kirchzarten 2012, S. 82